Wim Malgo

Das Tausendjährige Reich – eine Utopie?

Wim Malgo

Das Tausendjährige Reich –

Verlag Mitternachtsruf

Verlag Mitternachtsruf
Postfach 290
CH-8330 Pfäffikon/ZH

ISBN 3 85810 222 9
Bestell-Nr. 17010

2. Auflage März 1999
Redaktionelle Bearbeitung: Elsbeth Vetsch
Satz: Walter Dürr
Werbung: Fredy Peter
Umschlaggestaltung: GU-Print AG
Herstellung: GU-Print AG, CH-8902 Urdorf

Inhaltsverzeichnis

Bibelübersetzungen:
Wenn nichts anderes vermerkt, zitierten wir die Lutherübersetzung 1984.
Verwendete Abkürzungen für andere Übersetzungen:

r.Elb. = Revidierte Elberfelderübersetzung
Elb. = Alte Elberfelderübersetzung
Schl. = Schlachterübersetzung
Mng. = Mengeübersetzung
Lth.'12 = Lutherübersetzung Ausgabe 1912
Lth.'14 = Lutherübersetzung Ausgabe 1914 (Scofield-Bibel)

Vorwort zur zweiten Auflage

Das Tausendjährige Reich ist ein in den meisten Kirchen und vielen Gemeinden vernachlässigter Bestandteil des prophetischen Wortes. Für die einen ist das Tausendjährige Reich schlicht eine Utopie, für die andern ein geheimnisvolles Etwas, an das man sich nicht so recht heranwagt; und für Anhänger einer bekannten Sekte ist es eine Art Sondergut, in dem 144 000 der ihrigen Könige und Priester sein werden.

Weil das Tausendjährige Reich in der Verkündigung weithin ausgeklammert wird, fühlen sich manche Gotteskinder allein gelassen, denn sie möchten diesen wesentlichen Bestandteil der Heilsgeschichte Gottes mit Israel, der Gemeinde Jesu und der Völkerwelt in ihrem Glaubensleben nicht ausklammern. Doch die erste Hürde stellt sich ihnen durch die Frage, ob das Tausendjährige Reich ganz real sein wird, oder ob es eben doch nur geistlich zu verstehen ist. Dass die Königsherrschaft Christi auf Erden am Ende unserer Zeit wunderbare Realität sein wird, steht jedoch ausser Zweifel (vgl. z.B. Offb 20,3). Das hat der 1992 heimgegangene Verfasser des vorliegenden Buches in eindrücklicher Weise dargelegt. Deshalb freuen wir uns sehr, dass wir nun endlich in der Lage sind, dieses lange vergriffene Buch wieder neu aufzulegen. Möge es zur Glaubensstärkung, aber auch als Ansporn für das persönliche Bibelstudium dienen – auch für solche, die sich noch nie ernstlich mit dem Tausendjährigen Königreich Jesu Christi auf Erden befasst haben. Denn jedes Jahr, ja jeder Tag, bringt uns diesem gewaltigen Geschehen näher!

E. Vetsch

Pfäffikon ZH, März 1999

Der Wirklichkeitsbeweis des Tausendjährigen Reiches

«Ich sah einen Engel vom Himmel herabfahren, der hatte den Schlüssel zum Abgrund und eine grosse Kette in seiner Hand. Und er ergriff den Drachen, die alte Schlange, das ist der Teufel und der Satan, und fesselte ihn für tausend Jahre, und warf ihn in den Abgrund und verschloss ihn und setzte ein Siegel oben darauf, damit er die Völker nicht mehr verführen sollte, bis vollendet würden die tausend Jahre. Danach muss er losgelassen werden eine kleine Zeit. Und ich sah Throne, und sie setzten sich darauf, und ihnen wurde das Gericht übergeben. Und ich sah die Seelen derer, die enthauptet waren um des Zeugnisses von Jesus und um des Wortes Gottes willen, und die nicht angebetet hatten das Tier und sein Bild und die sein Zeichen nicht angenommen hatten an ihre Stirn und auf ihre Hand; diese wurden lebendig und regierten mit Christus tausend Jahre. Die andern Toten aber wurden nicht wieder lebendig, bis die tausend Jahre vollendet wurden. Dies ist die erste Auferstehung. Selig ist der und heilig, der teilhat an der ersten Auferstehung. Über diese hat der zweite Tod keine Macht; sondern sie werden Priester

Gottes und Christi sein und mit ihm regieren tausend Jahre» (Offb 20,1-6).

In diesem kurzen Abschnitt wird das Tausendjährige Reich wiederholt angeführt. Dieses Reich wird sichtbar anbrechen, wenn Satan gebunden ist. Er wird dann durch die furchtbaren Gerichte, die während und nach der grossen Trübsal über die Erde gehen, bereits geschwächt sein, denn wo Sünde gerichtet wird, hat Satan nichts mehr zu sagen und zu tun. Das ist das Geheimnis von Golgatha schlechthin. Jesus ist an unserer statt um unserer Sünde willen gerichtet worden, und wenn wir mit Jesus auf Golgatha am Kreuz eins sind, hat Satan keinen Anspruch mehr auf uns und keine Macht mehr über uns. Dennoch lässt Gott es zu, dass der Drache, Satan, eine grosse Macht hat, auch dann noch, wenn im Himmel und auf Erden Gericht geübt wird: *«Und ich sah einen Engel vom Himmel herabfahren, der hatte den Schlüssel zum Abgrund und eine grosse Kette.»* Es wird also eine grosse Kette benötigt, denn es handelt sich um den stärksten Fürsten, um die Obrigkeit der Finsternis selbst. Zur Zeit der Vernichtung des Antichristen wird Satan geistlich gebunden in einen Abgrund geworfen und tausend Jahre lang gefangen gesetzt. Während dieser tausend Jahre kann Satan die Völker und den einzelnen Menschen nicht mehr verführen, was zur Folge hat, dass auf Erden absoluter Friede herrschen und sich ein grosser, weltweiter Segen ausbreiten wird. Was ist eigentlich das Tausendjährige Reich? Vor allen

Dingen die Erhörung des Gebetes Jesu: *«Dein Reich komme! Dein Wille geschehe auf Erden wie im Himmel.»* Das Tausendjährige Friedensreich wird auch «Sabbatjahrtausend» genannt. Schon Luther sagte im 15. Jahrhundert: «Die Welt existiert sechstausend Jahre, zweitausend Jahre ohne Gesetz, zweitausend Jahre unter dem Gesetz, zweitausend Jahre unter Jesus Christus, danach kommt das siebte Zeitalter von tausend Jahren.» Bei dem ewigen Gott sind die Jahrtausende wie Wochentage. Am siebten Tag ruhte Gott von Seinen Werken. Tausend Jahre sind vor Ihm wie ein Tag und ein Tag wie tausend Jahre. Mit jedem Jahr rückt das Tausendjährige Reich näher!

Schon die Erzväter, die Propheten, die Könige und Priester haben nach dem Tausendjährigen Reich Ausschau gehalten. Wenn wir die Bibel lesen, können wir nur staunen, wie oft von diesem kommenden Königreich die Rede ist. Allein im Alten Testament finden wir etwa fünfzig Prophezeiungen darüber. Es wird immer im Zusammenhang mit dem König, dem Reichsverwalter, genannt: *«Ich sehe ihn, aber nicht jetzt; ich schaue ihn, aber nicht von nahe. Es wird ein Stern aus Jakob aufgehen und ein Zepter aus Israel aufkommen und wird zerschmettern die Fürsten der Moabiter und verstören alle Kinder des Getümmels. Aus Jakob wird der Herrscher kommen»* (4.Mo 24,17.19, Lth.'12). Das sah der heidnische Prophet Bileam voraus. Auch Hanna, die Mutter Samuels, sah dieses kommende Reich und äusserte sich in ihrem durch den Heiligen Geist inspirierten prophetischen Gesang darüber: *«Der Herr wird richten der Welt Enden. Er wird Macht geben seinem Könige und erhöhen das Haupt seines Gesalbten»* (1.Sam 2,10). Gott der Herr wird also Seinen König einsetzen. Eine andere Weissagung über das künftige Königreich finden wir in Psalm 2. Dort wird aber auch von einer vorausgehenden weltweiten Revolution gesprochen. Die Menschheit wird von einem Geist der Auflehnung befallen: *«Warum toben die Heiden und murren die Völker so vergeblich? Die Könige der Erde lehnen sich auf, und die Herren halten Rat miteinander wider den Herrn und seinen Gesalbten: ‹Lasset uns zerreissen ihre Bande und von uns werfen ihre Stricke!› Aber der im Himmel wohnt, lachet ihrer, und der Herr spottet ihrer»* (Ps 2,1-4). Denn: *«Einst wird er mit ihnen reden in seinem Zorn, und mit seinem Grimm wird er sie schrecken: ‹Ich aber habe meinen König eingesetzt auf meinem heiligen Berg Zion›»* (Ps 2,5-6). Diese Revolte wird bei der Offenbarung des Antichristen ihr Ende haben, weil der Herr ihn mit dem Hauch Seines Mundes vernichten wird. Dann wird Satan für tausend Jahre gebunden. Das ist dann der Zeitpunkt, wo Gott Seinen König, den Friedefürsten, einsetzen wird.

Schon das Alte Testament zeugt von diesem König Jesus Christus und offenbart Ihn uns sehr klar. Jesaja berichtet uns von der übernatürlichen Art Seiner Zeugung: *«Siehe, eine Jungfrau ist schwanger»* (Jes 7,14). Der Geburtsort des Königs wird in Micha 5,1 genannt: *«Bethlehem.»* Und der Tod des Königs wird uns in Jesaja 53 beschrieben, ebenso in Psalm 22, der mit dem Ausruf des sterbenden Königs beginnt: «*Mein Gott, mein Gott, warum hast du mich verlassen?*» Von der Hinrichtung des Hirten redet Psalm 22,17: «*Sie haben meine Hände und Füsse durchgraben.*» Ferner wird uns von Seinem zukünftigen Königreich berichtet, das Er selbst aufrichten wird: «*Es werden gedenken und sich zum Herrn bekehren aller Welt Enden und vor ihm anbeten alle Geschlechter der Heiden. Denn des Herrn ist das Reich, und er herrscht unter den Heiden*» (Ps 22,28-29). Diese letzte Weissagung bezieht sich auf Ereignisse, die noch bevorstehen. In Psalm 45,7 lesen wir: «*Gott, dein Thron bleibt immer und ewig; das Zepter deines Reichs ist ein gerechtes Zepter.*» Es ist erstaunlich, dass der Schreiber des Hebräerbriefes dieses Wort: «*Gott, dein Thron bleibt*», zitiert und dann von Jesus spricht: «*Denn zu welchem Engel hat Gott jemals gesagt: ‹Du bist mein Sohn, heute habe ich dich gezeugt›? Und wiederum: ‹Ich werde sein Vater sein, und er wird mein Sohn sein›? Und wenn er den Erstgeborenen wieder einführt in die Welt, spricht er: ‹Und es sollen ihn alle Engel Gottes anbeten.› ‹Gott, dein Thron währt von Ewigkeit zu Ewigkeit, und das Zepter der Gerechtigkeit ist das Zepter deines Reiches›*» (Hebr 1,5-6.8).

Auch in Psalm 47 und 48 wird von diesem Tausendjährigen Friedensreich geweissagt. Besonders viel aber erfahren wir diesbezüglich durch den königlichen Propheten Jesaja. Zum Beispiel: «*Es wird zur letzten Zeit der Berg, da des Herrn Haus ist, fest stehen, höher als alle Berge und über alle Hügel erhaben, und alle Heiden werden herzulaufen, und viele Völker werden hingehen und sagen: Kommt, lasst uns auf den Berg des Herrn gehen, zum Hause des Gottes Jakobs, dass er uns lehre seine Wege und wir wandeln auf seinen Steigen! Denn von Zion wird Weisung ausgehen und des Herrn Wort von Jerusalem. Und er wird richten unter den Heiden und zurechtweisen viele Völker. Da werden sie ihre Schwerter zu Pflugscharen und ihre Spiesse zu Sicheln machen. Denn es wird kein Volk wider das andere das Schwert erheben, und sie werden hinfort nicht mehr lernen, Krieg zu führen. Kommt nun, ihr vom Hause Jakob, lasst uns wandeln im Licht des Herrn!»* (Jes 2,2-5). Hier wird uns der Ort genannt, wo das Reich aufgerichtet wird. Die Zentrale der weltweiten Abrüstung und des Weltfriedens wird weder in Washington noch Moskau, weder in Rom noch in Genf oder an irgendeinem anderen Ort auf Erden sein, sondern auf dem heiligen Berg zu Jerusalem. Wenn Jesus Christus dort auf dem Thron sitzt und als König herrscht, kann es keinen Krieg mehr geben. Hass, Nachbarklatsch, Ehescheidungen und alle andern Streitigkeiten werden beseitigt sein. Das wird eine wunderbare Situation sein, in die sogar die Tierwelt mit einbezogen sein wird: *«Es wird ein Reis hervorgehen aus dem Stamm Isais und ein Zweig aus seiner Wurzel Frucht bringen. Auf ihm wird ruhen der Geist des Herrn . . . Gerechtigkeit wird der Gurt seiner Lenden sein und die Treue der Gurt seiner Hüften. Da werden die Wölfe bei den Lämmern wohnen und die*

Panther bei den Böcken lagern. Ein kleiner Knabe wird Kälber und junge Löwen und Mastvieh miteinander treiben. Kühe und Bären werden zusammen weiden, dass ihre Jungen beieinander liegen, und Löwen werden Stroh fressen wie die Rinder. Und ein Säugling wird spielen am Loch der Otter, und ein entwöhntes Kind wird seine Hand stecken in die Höhle der Natter. Man wird nirgends Sünde tun noch freveln auf meinem ganzen heiligen Berge; denn das Land wird voll Erkenntnis des Herrn sein, wie Wasser das Meer bedeckt. Und es wird geschehen zu der Zeit, dass das Reis aus der Wurzel Isais dasteht als Zeichen für die Völker. Nach ihm werden die Heiden fragen, und die Stätte, da er wohnt, wird herrlich sein» (Jes 11,1-2.5-10).

Ein Reich des Friedens ohnegleichen! Ist es nicht so, dass wir jetzt schon etwas davon erleben dürfen? Wenn der Feind in unseren Herzen «gebunden» ist, dann verschwindet jede Feindschaft, aber auch alle Furcht und Angst. Wir stehen dann unter der Herrschaft desjenigen, von dem geschrieben steht: *«Er ist unser Friede.»*

Betrachten wir nun die einzelnen Etappen, in denen das Königreich Gottes in der Heilsgeschichte verwirklicht wird. In der Bibel geht es von Anfang an bis zum Ende darum, dass der Herr ewig König sein wird, und dass alle Dinge von Ihm und durch Ihn und zu Ihm sind (Röm 11,36). Es geht also um das Königreich Gottes. Durch den Sündenfall kam zum Ausdruck, dass der Mensch das alleinige Königtum Gottes nicht anerkennen wollte, und damit schlug er auch sein eigenes aus. So hat der Mensch, unter der Verführung Satans, sein ihm von Gott gegebenes Königtum verloren, denn Gott hatte den Menschen als Herrscher über die Schöpfung gesetzt. Eine wichtige Aussage über die Stellung des Menschen gibt uns Psalm 8,5 und 7: *«Was ist der Mensch, dass du seiner gedenkst, und des Menschen Kind, dass du dich seiner annimmst? Du hast ihn zum Herrn gemacht über deiner Hände Werk, alles hast du unter seine Füsse getan.»* Das war vor dem Sündenfall. Hier wird prophetisch von Jesus als dem «letzten Adam» gesprochen. Gott hiess den Menschen über die Schöpfung herrschen. Durch den Sündenfall aber wurde Adam in die Stellung eines Sklaven versetzt, weshalb Jesus Christus kommen musste, um – wie Apostelgeschichte 15,16 sagt – das Königreich, die «Hütte Davids», wieder aufzurichten.

Wie konnte das geschehen? Wie war es möglich, auf dieser Erde, die doch jetzt noch dem Teufel unterworfen ist, das Königreich Gottes wieder aufzurichten? Dadurch, dass der Herr Jesus durch Sein Leiden und Seine Stellvertretung unter allen Umständen König blieb und nicht sündigte! Er trug ein königliches Spottkleid und eine Spottkrone aus Dornen und bekam ein Spottzepter, ein Rohr, in die Hand gedrückt. Auch ein Königstitel wurde Ihm gegeben und über Ihm auf das Verbrecherkreuz geschrieben: *«Jesus von Nazareth, der König der Juden»* (Joh 19,19).

Jesus musste zum «letzten Adam» werden, damit der gestürzte «erste Adam» wieder in sein königliches Amt eingesetzt werden konnte. Das Ergebnis ist gross und wunderbar, nämlich so, dass wir ausrufen dürfen: Er hat uns *«zu Königen und Priestern gemacht vor Gott, seinem Vater, ihm sei Ehre und Gewalt von Ewigkeit zu Ewigkeit! Amen»* (Offb 1,6). Wir sind wieder Könige, zwar noch unsichtbar im Fleisch, aber es kommt der Augenblick, in dem wir mit Jesus offenbar werden: im Tausendjährigen Reich. Warum? Weil wir Jesus Christus als König anerkennen. Ist das in deinem Leben wirklich Tatsache geworden? Viele Kinder Gottes denken, es sei lediglich wichtig, Jesus als Heiland im Herzen zu haben. Es geht aber um mehr, nämlich darum, dass Er dein König ist. Es ist die Tragik vieler Gotteskinder, dass sie vom Herrn abfallen, so wie Israel zur Zeit Samuels abfiel und einen irdischen König verlangte. Als Samuel deswegen Leid trug, wurde er vom Herrn mit den Worten getröstet: *«Sie haben nicht dich, sondern mich verworfen, dass ich nicht mehr König über sie sein soll»* (1.Sam 8,7). Als dann später Jesus kam, der wahre Gesalbte, ihr Messias, riefen sie: *«Wir wollen nicht, dass dieser über uns herrsche»* (Lk 19,14) sowie *«Wir haben keinen König als den Kaiser!»* (Joh 19,15). Diese Tragödie Israels zog sich durch die ganze Menschheitsgeschichte hin. Die Christusherrschaft in unserem Herzen kommt dadurch zum Ausdruck, dass wir – getrieben von dem Heiligen Geist – nach Erweckung, Reinigung und Heiligung Verlangen haben.

Als erste Etappe der Wiederherstellung des Königreiches Gottes nennen wir das «Königreich der Himmel». In

Matthäus 13 und 25 sehen wir, dass der Herr Jesus immer wieder vom Himmelreich sprach: *«. . . abermals ist das Himmelreich gleich . . .»* In Seinen Gleichnissen zeigt Er uns auch, wie der Feind alles versucht, um dieses Himmelreich auf Erden auszurotten, wie zum Beispiel durch das Säen von Unkraut. Sein Werk wird immer intensiver, weil er weiss, dass sein Ende naht (Offb 12,12). Jesus Christus hat uns als Mensch vom Himmel her das Reich des Himmels wiedergebracht. Diese tiefe Bedeutung finden wir in den Worten Seines Selbstzeugnisses: *«Niemand ist gen Himmel aufgefahren ausser dem, der vom Himmel herabgekommen ist, nämlich der Menschensohn»* (Joh 3,13). Der Herr Jesus war immer eins mit Seinem Vater. Er wandelte als Mensch auf Erden, Sein Geist aber war beim Vater: *«Ich und der Vater sind eins»* (Joh 10,30).

Als zweite Phase nennen wir das «Königreich Jesu Christi». Dies ist das Reich, das wir jetzt erwarten. Es wird bei der Wiederkunft Jesu Christi endgültig und sichtbar aufgerichtet. Ja, es soll sichtbar werden, was in den Herzen der Gläubigen die Jahrtausende hindurch vorbereitet wurde. Der Herr Jesus hat gesagt: *«Das Reich Gottes ist inwendig in euch»* (Lk 17,21, Lth.'14). Es ist aber niemals das Endziel, dass es inwendig in unseren Herzen bleibt, sondern dass es einmal offenbar wird: *«Wenn aber Christus, euer Leben, sich offenbaren wird, dann werdet ihr auch offenbar werden mit ihm in Herrlichkeit»* (Kol 3,4). Unsere Erlösung von Satans Macht war schon vor Grundlegung der Welt in Gottes Herzen beschlossen. Diese

Erlösung aber hat Gott in dem Sterben und in der Auferstehung Seines Sohnes sichtbar werden lassen. So soll auch Sein Königreich sichtbar werden. Vom Ziel des Königreiches Jesu Christi lesen wir: *«Denn ‹alles hat er unter seine Füsse getan› ... Wenn aber alles ihm untertan sein wird, dann wird auch der Sohn selbst untertan sein dem, der ihm alles unterworfen hat, damit Gott sei alles in allem»* (1.Kor 15,27-28). Das Tausendjährige Reich ist also die Realisierung der völligen Wiederherstellung des Königreiches Gottes. Wenn Babylon gefallen ist, dann ertönen nach Offenbarung 19 und 20 die mächtigen Hallelujas für und für. Aus der Heiligen Schrift ersehen wir, dass immer der ewige Gott selbst das Ziel ist, und dass dies auch in unserem Leben so sein soll: *«Damit wir etwas seien zum Lob seiner Herrlichkeit»* (Eph 1,12).

Wenn nun die dem Unglauben entstammende Frage gestellt wird, ob das kommende Tausendjährige Reich buchstäblich oder sinnbildlich zu verstehen sei, dann stellen wir eine Gegenfrage: Ist das Volk Israel, so wie es heute im Nahen Osten existiert, eine Wirklichkeit oder bloss ein Symbol? Die Antwort ist doch eindeutig klar: Israel ist eine lebendige Wirklichkeit!

Die christliche Kirche hat von alters her die Sünde begangen, dass sie die biblischen Segensverheissungen für Israel für sich beanspruchte, und zwar buchstäblich. Wo jedoch in der Bibel von der herrlichen Zukunft Israels gesprochen wurde, hat sie diese vergeistlicht und versinnbildlicht, ausgenommen die Gerichtsandrohungen, die sie gerne buchstäblich auf Israel bezog. Das zeigen uns die Anmerkungen in einer Bibel aus dem Jahr 1852 ganz deutlich. Zu Jesaja 60,1 *«Mache dich auf, werde licht; denn dein Licht kommt, und die Herrlichkeit des Herrn geht auf über dir!»* lautet zum Beispiel die Randbemerkung: «‹Steh auf, aus deiner bisherigen Bekümmernis›, so redet Gott sein Zion, seine gläubige Kirche an.» Ein weiteres Beispiel finden wir zu Jesaja 62,1: *«Um Zions willen will ich nicht schweigen, und um Jerusalems willen will ich nicht innehalten, bis seine Gerechtigkeit aufgehe wie ein Glanz und sein Heil brenne wie eine Fackel.»* Die Anmerkung dazu lautet: «Um der Kirche des geistlichen Jerusalems willen, weil ich sie liebe, will ich nicht aufhören, meine Vorsorge zu zeigen.»

Auch in unserer Zeit sind manche Christen geneigt, das, was für sie gilt, buchstäblich auf sich zu beziehen, aber Worte, die sich auf Israel beziehen, zu vergeistlichen. Wenn wir Lukas 1,32 lesen, dann sind wir uns einig, dass Jesus geboren wurde und ein Sohn des Höchsten genannt wird. Der zweite Teil des Verses aber: *«Gott der Herr wird ihm den Thron seines Vaters David geben»,* scheint schon fragwürdiger zu sein und wird deshalb vergeistlicht. Ebenso verhält es sich mit der Stelle in Zefanja 3,12-13, denn auch diese Verse werden gerne buchstäblich auf Israel angewandt: *«Ich will in dir übrig lassen ein armes und geringes Volk; die werden auf des Herrn Namen trauen. Und diese Übriggebliebenen in Israel werden nichts Böses tun noch Lüge reden, und man wird in ihrem Munde keine betrügerische Zunge finden, sondern sie sollen weiden und lagern ohne alle Furcht.»* Demgegenüber wird Vers 14 in der Kirche gepredigt: *«Jauchze, du Tochter Zion! Frohlocke, Israel! Freue dich und sei fröhlich von ganzem Herzen, du Tochter Jerusalem!»* Damit hat die Gemeinde Jesu jedoch nichts zu tun, denn auch diese letzten Sätze gelten Israel. Dies wird deshalb so ausführlich behandelt, damit es in unseren Herzen ganz klar wird, dass wir das kommende Königreich Gottes als etwas Sichtbares und Greifbares erwarten dürfen, so wie auch das Wiederkommen Jesu ganz real sein wird, denn es steht ja geschrieben: *«. . . es werden ihn sehen alle Augen»* (Offb 1,7).

Nun bleibt uns noch die Frage, wer an diesem Tausendjährigen Reich teilhaben wird. Die Menschen werden in zwei Gruppen aufgeteilt: die eine Gruppe wird bei der ersten Auferstehung dabei sein, die andere bei der zweiten. Es hängt alles davon ab, ob du an der ersten Auferstehung teilhaben kannst, denn es steht geschrieben: *«Selig ist der und heilig, der teilhat an der ersten Auferstehung»* (Offb 20,6). Lasst uns anhand von Offenbarung 20 prüfen, zu welcher Gruppe wir gehören, denn in Vers 5 wird uns gesagt: *«Die andern Toten aber wurden nicht wieder lebendig, bis die tausend Jahre vollendet wurden.»* Wer nicht an der ersten Auferstehung teilhat, bleibt im Grab, im Hades. Das ist das Totenreich. Diejenigen aber, die bei der ersten Auferstehung dabei sind, werden selig und heilig sein und erfahren, was der Herr verheissen hat: *«Über diese hat der zweite Tod keine Macht; sondern sie werden*

Priester Gottes und Christi sein und mit ihm regieren tausend Jahre» (Offb 20,6). Die erste Auferstehung ist die Entrückung: *«Zuerst werden die Toten, die in Christus gestorben sind, auferstehen. Danach werden wir, die wir leben und übrigbleiben, zugleich mit ihnen entrückt werden auf den Wolken in die Luft»* (1.Thess 4,16-17). Darüber lesen wir auch in 1.Korinther 15. Lasst es uns gesagt sein: *«Selig ist der und heilig, der teilhat an der ersten Auferstehung.»* Das sind die Wiedergeborenen, die dem Herrn mit ganzem Ernst nachgefolgt sind. Die andern müssen tausend Jahre warten und werden hernach zur letzten Abrechnung erscheinen müssen: *«Und ich sah die Toten, gross und klein, stehen vor dem Thron»* (Offb 20,12). Nach tausend Jahren darf der Teufel noch einmal verführen, dann aber wird ihm ein Ende bereitet: *«Und wenn die tausend Jahre vollendet sind, wird der Satan losgelassen werden aus seinem Gefängnis und wird ausziehen, zu verführen die Völker an den vier Enden der Erde»* (Offb 20,7-8). Darauf folgt die zweite Auferstehung: *«Und ich sah einen grossen, weissen Thron und den, der darauf sass; vor seinem Angesicht flohen die Erde und der Himmel, und es wurde keine Stätte für sie gefunden. Und ich sah die Toten, gross und klein, stehen vor dem Thron, und Bücher wurden aufgetan. Und ein andres Buch wurde aufgetan, welches ist das Buch des Lebens. Und die Toten wurden gerichtet nach dem, was in den Büchern geschrieben steht, nach ihren Werken. Und das Meer gab die Toten heraus, die darin waren, und der Tod und sein*

Reich gaben die Toten heraus, die darin waren» (Offb 20,11-13).

Viele lassen sich aus Furcht vor dem Gericht kremieren, denn sie meinen, damit ihre Existenz restlos auslöschen zu können. Aber das ist ein Irrtum: *«Der Tod und sein Reich gaben die Toten heraus, die darin waren; und sie wurden gerichtet, ein jeder nach seinen Werken. Und der Tod und sein Reich wurden geworfen in den feurigen Pfuhl. Das ist der zweite Tod: der feurige Pfuhl»* (Offb 20,13-14). Das ist der Tod, der nicht mehr ertötet, das für alle Ewigkeit Von-Gott-getrennt-Sein: *«Und wenn jemand nicht gefunden wurde geschrieben in dem Buch des Lebens, der wurde geworfen in den feurigen Pfuhl»* (Offb 20,15). Bei dieser letzten Abrechnung vor dem grossen weissen Thron fehlt etwas. Es ist das Lamm und Sein vergossenes Blut! Da ist keine Vergebung mehr möglich.

Darum ist *heute* die angenehme Zeit, die vier Merkmale zu erlangen, um bei der ersten Auferstehung dabei zu sein, nämlich:

– Das Sich-immer-tiefer-reinigen-Lassen: *«Und ein jeder, der solche Hoffnung auf ihn hat, der reinigt sich, wie auch jener rein ist»* (1.Joh 3,3).

– Das Jagen nach der Heiligung, denn: *«Ohne Heiligung wird niemand den Herrn sehen»* (Hebr 12,14).

– Die immer tiefere Bereitschaft zu leiden, denn leiden und sterben wir mit, so werden wir auch mit herrschen (vgl. 2.Tim 2,11-12).

– Das ständige Warten auf das Kommen des Herrn Jesus:

«Unser Bürgerrecht aber ist im Himmel; woher wir auch erwarten den Heiland, den Herrn Jesus Christus» (Phil 3,20).

«Und der Geist und die Braut sprechen: Komm! Amen, ja, komm, Herr Jesus!» (Offb 22,17.20).

Palästina im Tausendjährigen Reich

«In göttlichen Gesichten führte er mich ins Land Israel» (Hes 40,2).

Das Land, von dem wir sprechen, hiess ursprünglich nicht «Palästina», sondern wurde von den Heiden, zunächst von den Griechen, das «Syrien der Philister» genannt. Vom Namen «Philister» – ihr Gebiet war der jetzige Gazastreifen – wurde der Name «Philistea» abgeleitet. Auch die Römer nannten das Land «Palaestina». In der britischen Mandatszeit war «Palestine» die offizielle Bezeichnung des Gebietes, das heute den Staat Israel und Teile des Libanon und Ägyptens einschliesst. Dieser Name wurde von den Juden nie anerkannt, und das mit Recht. Viele von ihnen haben ihn als Kennzeichen der Fremdherrschaft bekämpft. Deshalb sollten wir in Israel nie von «Palästina» reden, denn es ist der antisemitische Name für das Land, das seit jeher in der Heilsgeschichte eine gewaltige Rolle spielte. Die Araber nennen es «Falestin» und die Kämpfer für einen palästinensischen Staat nennen sich «Palästinenser».

Welches ist nun der eigentliche Name dieses umstrittenen und herrlichen Landes? «Kanaan», antworten viele. Falsch! So hiess es, als das Volk Israel es unter Josua in Besitz nahm, aber auch schon zur Zeit Abrahams, als er unter der Führung seines alten Vaters Tharah (Terach) von Ur auszog: *«Da nahm Terach seinen Sohn Abram und Lot, den Sohn seines Sohnes Haran, und seine Schwiegertochter Sarai, die Frau seines Sohnes Abram, und führte sie aus Ur in Chaldäa, um ins Land Kanaan zu ziehen»* (1.Mo 11,31). Der Herr selbst aber spricht immer wieder von «diesem Land», zum Beispiel in Kapitel 13,15 oder 12,7 des ersten Buches Mose: *«Da erschien der Herr dem Abram und sprach: Deinen Nachkommen will ich dies Land geben.»* Später bezeichnet es der Herr durch den Propheten oft als «Mein Land». Der Name Kanaan stammt vom Sohn Hams, der seiner Sünde wegen von seinem Vater verflucht wurde: *«Als nun Noah erwachte von seinem Rausch und erfuhr, was ihm sein jüngster Sohn angetan hatte, sprach er: Verflucht sei Kanaan und sei seinen Brüdern ein Knecht aller Knechte!»* (1.Mo 9,24-26).

In amtlichen hebräischen Akten der britischen Mandatszeit findet sich die Bezeichnung «Paleschtina E.J.», das heisst: Eretz Israel = Land Israel. Des öfteren finden wir dieses «E.J.» auch in der Bibel, zum Beispiel in 2.Chronik 2,16: *«Salomo liess alle Fremdlinge im Lande Israel zählen.»* Oder: *«Darum sage: So spricht Gott der Herr: Ich will euch zusammenbringen aus den Völkern und will euch sammeln aus den Ländern, in die ihr zerstreut seid, und will euch das Land Israels geben»* (Hes 11,17). Aus dieser Bezeichnung geht hervor, dass Volk und Land Israel von Gottes wegen untrennbar sind. Sie haben nicht nur den gleichen Namen, sondern auch die gleichen Verheissungen. Und beide erleben die Erfüllung des Wortes Gottes. Das können wir heute sehen, denn die Auferstehung Israels als Volk geht mit der Auferstehung des Landes Israels Hand in Hand. Die politischen Grenzen des Landes blieben immer fliessend, solange Israel nicht da war. Unter König David und Salomo nahmen die Grenzen immer klarere Formen an, und zwar so, wie Gott sie Abrahams Nachkommen zugesagt hatte: *«Alles Land, darauf eure Fusssohle tritt, soll euer sein: von der Wüste bis an den Berg Libanon und von dem Strom Euphrat bis ans Meer im Westen soll euer Gebiet sein. Niemand wird euch widerstehen können. Furcht und Schrecken vor euch wird der Herr über alles Land kommen lassen, das ihr betretet, wie er euch zugesagt hat»* (5.Mo 11,24-25, vgl. auch 1.Mo 15,18). Dasselbe wird Josua, dem Nachfolger des Mose, erneut zugesagt: *«Jede Stätte, auf die eure Fusssohlen treten werden, habe ich euch gegeben, wie ich Mose zugesagt habe. Von der Wüste bis zum Libanon und von dem grossen Strom Euphrat bis an das grosse Meer gegen Sonnenuntergang, das ganze Land der Hetiter, soll euer Gebiet sein. Es soll dir niemand widerstehen dein Leben lang»* (Jos 1,3-5). Das ist ebenfalls eine kostbare Verheissung, die heute in Erfüllung geht.

Der Herr will auch *deine* Grenzen erweitern! Er will dich aus der Enge des ichbezogenen Lebens in die Weite führen. Beginne wie Jabez zum Herrn zu beten und zu rufen: *«Und Jabez rief den Gott Israels an und sprach: Ach dass du mich segnetest und mein Gebiet mehrtest und deine Hand mit mir wäre und schafftest, dass mich kein Übel bekümmere! Und Gott liess kommen, worum er bat»* (1.Chr 4,10). Gottes Verheissungen für Seine Bluterkauften sind grenzenlos. Ein weites Land liegt vor dir, das du einnehmen solltest!

Noch etwas anderes ist auffallend: Das Land Israel wurde immer dann wüst, wenn das Volk sich im Ungehorsam verstockte: *«Werdet ihr nun auf meine Gebote hören, die ich euch heute gebiete, dass ihr den Herrn, euren Gott, liebet und ihm dienet von ganzem Herzen und von ganzer Seele, so will ich eurem Land Regen geben zu seiner Zeit, Frühregen und Spätregen, dass du einsammelst dein Getreide, deinen Wein und dein Öl. Hütet euch aber, dass sich euer Herz nicht betören lasse, dass ihr abfallet und dienet andern Göttern und betet sie an, und dass dann der Zorn des Herrn entbrenne über euch und schliesse den Himmel zu, so dass kein Regen kommt und die Erde ihr Gewächs nicht gibt und ihr bald ausgetilgt werdet aus dem guten Lande, das euch der Herr gegeben hat»* (5.Mo 11,13-14.16-17). Kehrte Israel dann aber zu seinem Gott zurück, blühte das Land mit seinen Wüsten wieder auf: *«Sie werden die alten Trümmer wieder aufbauen und, was vorzeiten zerstört worden ist, wieder aufrichten; sie wer-*

den die verwüsteten Städte erneuern, die von Geschlecht zu Geschlecht zerstört gelegen haben» (Jes 61,4). Nach dem Mass des Gehorsams des Volkes war auch das Land gesegnet. Dasselbe gilt auch für unser Glaubensleben. Nach dem Mass deines Gehorsams wird der Herr deinen Herzensacker mit Früh- und Spätregen segnen. Mose ruft dem Volk zu: *«So nehmt nun diese Worte zu Herzen und in eure Seele und bindet sie zum Zeichen auf eure Hand und macht sie zum Merkzeichen zwischen euren Augen»* (5.Mo 11,18). Er will damit sagen: «Vergesst es nicht!» Solange Araber, Türken, Römer und andere Völker das Land Israel beherrschten, bestand es aus Wüsten und Malariasümpfen. Sobald aber Israel ins Land zurückzukehren begann, fingen die Wüsten wieder an zu blühen, was wir heute mit eigenen Augen sehen können. Wie wird es dann erst im Tausendjährigen Reich sein, wenn ganz Israel selig sein wird! Die Heilige Schrift schildert es uns so: *«Werdet ihr in meinen Satzungen wandeln und meine Gebote halten und tun, so will ich euch Regen geben zur rechten Zeit, und das Land soll sein Gewächs geben und die Bäume auf dem Felde ihre Früchte bringen. Und die Dreschzeit soll reichen bis zur Weinernte, und die Weinernte soll reichen bis zur Zeit der Saat. Und ihr sollt Brot die Fülle haben und sollt sicher in eurem Lande wohnen. Ich will Frieden geben in eurem Lande, dass ihr schlafet und euch niemand aufschrecke. Ich will die wilden Tiere aus eurem Lande wegschaffen, und kein Schwert soll durch euer Land gehen»* (3.Mo 26,3-6). Ein landwirtschaftliches Wunder wird sich vollziehen, Fruchtbarkeit ohne Unterbruch und kein Schrecken wird mehr sein, weil der Friedefürst herrschen wird.

Lasst uns dies noch einmal persönlich anwenden. Solange die «Türken» und «Römer» dein Land, dein Herz, beherrschen, bleibt es eine dürre Wüste. Wenn aber Jesus Christus als König in dir herrscht, gilt dir das Wort: *«Gedenkt nicht an das Frühere und achtet nicht auf das Vorige! Denn siehe, ich will ein Neues schaffen, jetzt wächst es auf, erkennt ihr's denn nicht? Ich mache einen Weg in der Wüste und Wasserströme in der Einöde»* (Jes 43,18-19). Und ebenso Jesaja 58,11: *«Und der Herr wird dich immerdar führen und dich sättigen in der Dürre und dein Gebein stärken. Und du wirst sein wie ein bewässerter Garten und wie eine Wasserquelle, der es nie an Wasser fehlt.»* Das sind Verheissungen für das Land und das Volk Israel. Gerade diese Zusage des Herrn zeigt deutlich, dass Er Volk und Land in einem nennt. Wie wunderbar, dass wir, die wir aus den Heiden stammen und an Jesus Christus gläubig wurden, diese Verheissungen in unser Herz aufnehmen durften. Denn auch unser Herz war wüst und dürr, solange wir im Ungehorsam lebten. Aber auch für uns gilt, wie es Jesus verheissen hat, dass Ströme lebendigen Wassers von uns fliessen, wenn wir an Ihn glauben wie die Schrift sagt.

Die Bibel zeigt uns noch etwas ganz anderes, nämlich eine völlige, gesegnete Abhängigkeit des Landes Israel von Gott, dem Herrn: *«Denn das Land, in das du kommst, es einzunehmen, ist nicht wie Ägyptenland, von dem ihr ausgezogen seid, wo du deinen Samen säen und selbst tränken musstest wie einen Garten, sondern es hat Berge und Auen, die der Regen vom Himmel tränkt, – ein Land, auf das der Herr, dein Gott, acht hat und die Augen des Herrn, deines Gottes, immerdar sehen vom Anfang des Jahres bis an sein Ende»* (5.Mo 11,10-12). Hier wird der Unterschied zwischen dem Land Israel und den andern Ländern hervorgehoben. Aber auch das Volk Israel ist Gottes besonderes Eigentum: *«Werdet ihr nun meiner Stimme gehorchen und meinen Bund halten, so sollt ihr mein Eigentum sein vor allen Völkern»* (2.Mo 19,5). Diese Sonderstellung des Landes und des Volkes ist jetzt schon zu sehen, wie viel mehr noch im Tausendjährigen Reich! Achte auch auf die Aussage von 3.Mose 26. Die Israeliten mussten das Land, dieses besondere Land, *militärisch* einnehmen. Auch in unserer Zeit musste und muss Israel sein Land wieder militärisch einnehmen, eine Tatsache, mit der viele Christen nichts anfangen können. Aber es ist so, und daraus ergibt sich für das Tausendjährige Reich nicht nur ein landwirtschaftliches, sondern auch ein militärisches Wunder. In 3.Mose 26,7-9 lesen wir: *«Ihr sollt eure Feinde jagen, und sie sollen vor euch her dem Schwert verfallen. Fünf von euch sollen hundert jagen, und hundert von euch sollen zehntausend jagen; denn eure Feinde sollen vor euch her dem Schwert verfallen. Und ich will mich zu euch wenden und will euch fruchtbar machen und euch mehren und will meinen Bund mit euch halten.»*

Das grösste Wunder des Sieges über den Feind wird in Eretz Israel zu Beginn des Tausendjährigen Reiches stattfinden, obwohl die militärische Lage Israels dann verzweifelt aussehen wird. In jener Zeit aber steht der Durchbruch Israels zu Jesus, dem Messias, bevor. Auf Israels Rufen und Klagen hin wird Jesus Christus plötzlich erscheinen und dem Feind mit dem Hauch Seines Mundes ein Ende bereiten (2.Thess 2,8). Nicht die militärische Kraft wird dann den Sieg herbeiführen, sondern der Geist des Herrn wird es tun (Sach 4,6).

Ein Weiteres liegt über dem Land des Volkes Israel, nämlich das gestillte Heimweh. Kein Volk hat sich je so sehr und so lange nach seiner Heimat gesehnt wie Israel. Während zwei Jahrtausenden beteten die gläubigen Juden in aller Welt: «Herr, lass Jerusalem wiederum gebaut werden!» Und: «Nächstes Jahr in Jerusalem!» Es ist sonderbar, dass ausgerechnet die Feinde Israels dieses Heimweh in den Herzen der Juden in aller Welt so mächtig schüren, dass sie seit dem Sechstagekrieg ins Land strömen. Seither hat sich auch das Weltjudentum stärker denn je mit dem Judenstaat identifiziert. Noch bevor die Kämpfe verklungen waren, trafen bereits Scharen begeisterter Jugendlicher in Zion ein. Heimweh und Friedenssehnsucht sind zwei Wesenszüge der jüdischen Seele. Das Heimweh wird gestillt, sobald sie ins Land der Väter heimkehren. Darin liegt die Erklärung, weshalb trotz feindlicher Bedrohung und manch anderer Unbill immer noch viele Juden ins Land ihrer Väter zurückkehren.

Die Friedenssehnsucht des Volkes Israel ist ebenfalls sehr ausgeprägt. Es will keinen Krieg, sondern Friedensverhandlungen. Diese Friedenssehnsucht aber wird erst beim Anbruch des Tausendjährigen Reiches völlig gestillt werden. Dann erfüllt sich Jesaja 54,7-10, also jenes Wort, das wir mit Recht durch den Glauben an Jesus Christus für uns anwenden, aber dabei oft vergessen, dass es zunächst an Israel gerichtet ist: *«Ich habe dich einen kleinen Augenblick verlassen, aber mit grosser Barmherzigkeit will ich dich sammeln. Ich habe mein Angesicht im Augenblick des Zorns ein wenig vor dir verborgen, aber mit ewiger Gnade will ich mich deiner erbarmen, spricht der Herr, dein Erlöser. Ich halte es wie zur Zeit Noahs, als ich schwor, dass die Wasser Noahs nicht mehr über die Erde gehen sollten. So habe ich geschworen, dass ich nicht mehr über dich zürnen und dich nicht mehr schelten will. Denn es sollen wohl Berge weichen und Hügel hinfallen, aber meine Gnade soll nicht von dir weichen, und der Bund meines Friedens soll nicht hinfallen, spricht der Herr, dein Erbarmer.»* Und in Jesaja 54,13: *«Alle deine Kinder werden von dem Herrn gelehrt, und der Friede deiner Kinder wird gross sein»* (r.Elb.). Das ist das Tausendjährige Reich. Wie viele herrliche Verheissungen liegen doch über Israel! So zum Beispiel: *«Die Erlösten des Herrn werden wiederkommen und nach Zion kommen mit Jauchzen; ewige Freude wird über ihrem Haupte sein; Freude und Wonne werden sie ergreifen, und Schmerz und Seufzen wird entfliehen»* (Jes 35,10). Dasselbe wird wortwörtlich in Jesaja 51,11 noch einmal gesagt, ebenso in Jeremia 31,9: *«Sie werden weinend kommen, aber ich will sie trösten und leiten. Ich will sie zu Wasserbächen führen auf ebenem Wege, dass sie nicht zu Fall kommen; denn ich bin Israels Vater, und Ephraim ist mein erstgeborener Sohn.»* Dies ist ein herrlicher Hinweis für die Kinder Gottes, die Sehnsucht haben nach dem oberen Eretz Israel. «Selig sind, die da Heimweh haben, denn sie sollen nach Hause kommen.» Der Herr Jesus ist uns vorangegangen und hat gesagt, dass Er uns dort eine Wohnung bereite (Joh 14,2). Aber noch sind wir nicht zu Hause! – Richten wir unsere Blicke wieder nach Israel. Die Identifizierung beziehungsweise die Zusammengehörigkeit von Land und Volk Israel ist geradezu ergreifend. Dazu zwei prophetische Aussagen: *«Darum – so spricht Gott der Herr: Nun will ich das Geschick Jakobs wenden und mich des ganzen Hauses Israel erbarmen und um meinen heiligen Namen eifern»* (Hes 39,25). Jahrhundertelang befand sich das Volk Israel im Gefängnis der Grossmächte dieser Erde. Sein Land wurde zertreten, entheiligt und verwüstet. Aber wiederum sagt der Herr in Bezug auf das Land: *«Denn ich will des Landes Gefängnis wenden wie von Anfang, spricht der Herr»* (Jer 33,11, Lth.'12). Welch ein Vorrecht, in einer Zeit zu leben, in der Gott dies alles erfüllt!

Gott hat für Israel auch an das grosse Problem der Einwanderung gedacht, denn Er sagt: *«Aber ihr Berge Israels sollt wieder grünen und eure Frucht bringen meinem Volk Israel, denn bald sollen sie heimkehren. Denn siehe, ich will mich wieder zu euch kehren und euch mein Angesicht zuwenden, dass ihr angebaut und besät werdet. Und ich will viele Menschen auf euch wohnen lassen, das ganze Haus Israel insgesamt, und die Städte sollen wieder bewohnt und die Trümmer aufgebaut werden. Ja, ich lasse Menschen und Vieh auf euch zahlreich werden; sie sollen sich mehren und fruchtbar sein. Und ich will euch wieder bewohnt sein lassen wie früher und will euch mehr Gutes tun als je zuvor, und ihr sollt erfahren, dass ich der Herr bin»* (Hes 36,8-11).

Neue Verheissungen begannen sich 1967, nach dem Sechstagekrieg, zu erfüllen: *«Gott der Herr, der die Versprengten Israels sammelt, spricht: Ich will noch mehr zu der Zahl derer, die versammelt sind, sammeln»* (Jes 56,8). Es muss aber ausdrücklich gesagt werden, dass die völlige Erfüllung erst beim Anbruch des Tausendjährigen Reiches geschieht, das heisst, genau zu dem Zeitpunkt, wenn Israel durch seine Bekehrung von den Sünden gereinigt sein wird. Wenn Israel heimgefunden hat, wird es durch die stets neuen Segnungen des Herrn in sich gehen, und zwar noch vor seiner eigentlichen Bekehrung: *«Ich will die Früchte auf den Bäumen und den Ertrag auf dem Felde mehren, dass euch die Heiden nicht mehr verspotten, weil ihr hungern müsst. Dann werdet ihr an euren bösen Wandel denken und an euer Tun, das nicht gut war, und werdet euch selbst zuwider sein um eurer Sünde und eures Götzendienstes willen. Nicht um euretwillen tue ich das, spricht Gott der Herr, das sollt ihr wissen, sondern ihr werdet euch schämen müssen und schamrot werden, ihr vom Hause Israel, über euren Wandel»* (Hes 36,30-32). Das ist noch nicht die Bekehrung Israels. Der volle Segen kommt daher erst dann, wenn die grosse Wende in ihren Herzen stattgefunden hat: *«So spricht Gott der Herr: Zu der Zeit, wenn ich euch reinigen werde von allen euren Sünden, will ich die Städte wieder bewohnt sein lassen, und die Trümmer sollen wieder aufgebaut werden. Das verwüstete Land soll wieder gepflügt werden, nachdem es verheert war vor den Augen aller, die vorüberzogen. Und man wird sagen: Dies Land war verheert, und jetzt ist's wie der Garten Eden, und diese Städte waren zerstört, öde und niedergerissen und stehen nun fest gebaut und sind bewohnt. Und die Heiden, die um euch her übriggeblieben sind, sollen erfahren, dass ich der Herr bin, der da baut, was niedergerissen ist, und pflanzt, was verheert war. Ich, der Herr, sage es und tue es auch»* (Hes 36,33-36). Also zuerst Überführung von Sünde, dann Bekehrung. Das gilt auch für uns. Der Herr lässt Seinen vollen Segen in deinem Leben nicht nach der Erkenntnis und Scham über die Sünde durchbrechen, sondern nach der Reinigung der Sünde durch das kostbare Blut Jesu, die auf Grund deiner Busse erfolgt. Eine Erweckung unter uns Heidenchristen tut bitter Not. Wenn es aber mit Israel so weit ist, ist es zu spät für uns, weil dann unsere Zeit abgelaufen ist. In diesem Zusammenhang bleibt mir noch eine bekannte Tatsache zu betonen: Eretz Israel wird im Tausendjährigen Reich Mittelpunkt der Erde sein. Geographisch gesehen ist das zwar schon jetzt der Fall, denn es ist Schnittpunkt dreier Kontinente: Europa, Asien und Afrika. Dies hat schon der Prophet Hesekiel vernommen: *«So spricht Gott der Herr: Das ist Jerusalem, das ich mitten unter die Heiden gesetzt habe und unter die Länder ringsumher»* (Hes 5,5).

Israel, mit seiner Hauptstadt Jerusalem, wird auch das wirtschaftliche Zentrum der Erde werden. Dazu sagt uns die Schrift: *«Zu der Zeit werden lebendige Wasser aus Jerusalem fliessen, die eine Hälfte zum Meer im Osten und die andere Hälfte zum Meer im Westen, und so wird es sein im Sommer und im Winter. Und der Herr wird König sein über alle Lande»* (Sach 14,8-9). Durch die lebendigen Wasser, die von Jerusalem fliessen, wird die Fruchtbarkeit ein grosses Ausmass annehmen, was auf wirtschaftlichem Gebiet gewaltige Auswirkungen haben wird.

Jerusalem wird auch das geistliche Zentrum der ganzen Welt sein. Das erfahren wir aus Micha 4,1-2: *«In den letzten Tagen aber wird der Berg, darauf des Herrn Haus ist, fest stehen, höher als alle Berge und über die Hügel erhaben. Und die Völker werden herzulaufen, und viele Heiden werden hingehen und sagen: Kommt, lasst uns hinauf zum Berge des Herrn gehen und zum Hause des Gottes Jakobs, dass er uns lehre seine Wege und wir in seinen Pfaden wandeln! Denn von Zion wird Weisung ausgehen und des Herrn Wort von Jerusalem.»*

Politisch und militärisch wird Israel ebenfalls die Zentrale bilden, zumal der Herr dann König sein wird

(Sach 14,9). Im Propheten Micha lesen wir weiter: *«Er wird unter grossen Völkern richten und viele Heiden zurechtweisen in fernen Landen. Sie werden ihre Schwerter zu Pflugscharen und ihre Spiesse zu Sicheln machen. Es wird kein Volk wider das andere das Schwert erheben, und sie werden hinfort nicht mehr lernen, Krieg zu führen»* (Mi 4,3).

Eines der herrlichsten Wunder, das im Tausendjährigen Reich im Land Israel stattfinden wird, ist eine Veränderung der Vegetation. Die Erde wird Zypressen statt Dornen hervorbringen, wie geschrieben steht: *«Es sollen Zypressen statt Dornen wachsen und Myrten statt Nesseln. Und dem Herrn soll es zum Ruhm geschehen und zum ewigen Zeichen, das nicht vergehen wird»* (Jes 55,13). Das ist das Ergebnis von Golgatha, denn einst musste Gott die Erde verfluchen und sagen: *«Dornen und Disteln soll sie dir tragen»* (1.Mo 3,18). Jesus aber ging hinaus und trug eine Dornenkrone. Er ward ein Fluch um unsert- und um Israels willen. Deshalb werden die Dornen im Tausendjährigen Reich aus Israel verschwinden. An ihrer Stelle werden Zypressen wachsen. Darüber hinaus werden Tannen statt Hecken und herrlich duftende Myrten statt Nesseln heranwachsen. Was tot ist, wird lebendig. Auch das Tote Meer wird gesund: *«Dieses Gewässer fliesst in den östlichen Bezirk hinaus, strömt dann in die Jordanebene hinab und mündet in das Tote Meer; und wo es sich dort hinein ergiesst, wird das Salzwasser des Toten Meeres gesund. Und alle lebenden Wesen, alles was dort wimmelt, wird, wohin immer der Fluss kommt, Leben gewinnen; und der Fischreichtum wird überaus gross sein; denn wenn dieses Gewässer dorthin kommt, so wird das Wasser des Toten Meeres gesund werden, und alles, wohin der Fluss kommt, wird Leben gewinnen*» (Hes 47,8-9, Mng.). Das alles wird erfüllt werden! Das Tote Meer, aus dem man heute noch nicht trinken kann, ohne als Folge davon zu sterben, wird dann gesund.

Das alles hat uns viel zu sagen, und ich möchte fragen: Ist der Fluch in deinem Leben durch den Herrn Jesus Christus schon in Segen verwandelt? Sind die «stacheligen Dornen» deines stolzen Ichs, deiner fluchwürdigen alten Natur schon in lieblich duftende Myrten verwandelt worden? Was ist der Mittelpunkt deines Lebens? Ist es Jesus allein? Genauso wie Land und Volk Israel mit dem König völlig eins werden, sollst auch du mit Leib, Seele und Geist mit dem Herrn Jesus Christus eins sein. Wir haben nicht mehr viel Zeit, denn Er kommt bald. Darum, wer Ohren hat, der höre, was der Geist der Gemeinde sagt!

Israels nationale und geistliche Zukunft im Tausendjährigen Friedensreich

«Hier ist nicht Jude noch Grieche, hier ist nicht Sklave noch Freier, hier ist nicht Mann noch Frau; denn ihr seid allesamt einer in Christus Jesus» (Gal 3,28).
«So frage ich nun: Hat denn Gott sein Volk verstossen? Das sei ferne! Denn ich bin auch ein Israelit, vom Geschlecht Abrahams, aus dem Stamm Benjamin» (Röm 11,1).

Im Neuen Testament kommt das Wort «Israel» etwa siebzig Mal vor, und zwar nicht im geistlichen, sondern im buchstäblichen Sinn. In unseren Tagen machen sich viele christliche Widersacher auf, die mit grosser Vehemenz Israels Zukunft verneinen. Diese typische Haltung von abertausenden von Christen tritt in einem Brief zutage, der mir aus Paris zugekommen ist. Ich erwähne ihn als Repräsentant der vielen anderen, die auch in diesem Sinn abgefasst sind. Jener Briefschreiber meint, dass Israel keine Verheissung der Wiederherstellung gegeben worden sei, denn es habe den Heiland verworfen. Mit der Kreuzigung habe Israel die Stellung als Volk Gottes für immer verloren und könne nicht mehr das Mittel sein, der Welt das Heil zu bringen. Offenbar hat dieser Briefschreiber Römer 11 übersehen und noch nie beachtet, dass gerade die zeitweilige Verwerfung Israels der Welt Versöhnung ist (Röm 11,15). Der christlich getarnte Antisemitismus führt als Beweis den eingangs erwähnten Text an: *«Hier ist nicht Jude noch Grieche, hier ist nicht Sklave noch Freier, hier ist nicht Mann noch Frau; denn ihr seid allesamt einer in Christus Jesus»* (Gal 3,28). Das ist tatsächlich eine herrliche Wahrheit, denn dieses Wort spricht von der organischen, untrennbaren Einheit der Gemeinde Jesu. Die Denominationen, Kirchen und Freikirchen sind in Organisationen gespalten, nicht aber der Leib Jesu Christi, der ein Organismus ist. Diese Bibelstelle sagt also nichts davon, dass ein Jude, wenn er sich zu Jesus Christus bekehrt, etwa aufhören würde, ein Jude zu sein. Dann würde nach Galater 3,28 ein Mann genauso aufhören, ein Mann zu sein. Eine Frau wäre dann auch nicht mehr Frau, ein Knecht nicht mehr Knecht und ein Freier wäre kein Freier mehr. Die im Text aufgezählten Verschiedenheiten – Juden, Griechen usw. – hören als solche nicht zu existieren auf, haben aber auch nichts mit der geistlichen Einheit und den geistlichen Vorrechten des einen über den andern zu tun.

Das Wort «Jude» kommt in der Schrift ebenfalls sehr häufig vor, und zwar stets im Gegensatz zu «Heide». Ebenso kommt «Jerusalem» in der Bibel sehr oft vor, und dies immer in Bezug auf die Hauptstadt Judäas beziehungsweise Israels, es sei denn, dass die Schrift ausdrücklich vom himmlischen oder neuen Jerusalem von oben spricht. Diese Erklärungen sollen uns den Unterschied zwischen der Stellung Israels und der Stellung der Gemeinde Jesu in der Heilsgeschichte zeigen. Von ungeheurer Aktualität ist die Frage: Wenn Ismael und Isaak beide Abrahams Söhne sind, haben dann auch beide das gleiche Erbe und die gleichen Verheissungen? Nein, nur einer ist der Erbe: Isaak! (1.Mo 15,4; 17,18.21). So gehören das natürliche Volk Israel und das geistliche Volk, das sind die Gläubigen aus Juden und Heiden, zur Nachkommenschaft Abrahams. Aber sie haben – wie Isaak und Ismael – nicht dieselben Verheissungen, nicht dasselbe Erbe und auch nicht dieselbe Zukunft. Obwohl Juden und Heiden in der Gemeinde Jesu dieselbe Stellung finden und als Glieder der Gemeinde Jesu nach Kolosser 3,11 geistlich zusammengeschmolzen sind – *«Da ist nicht mehr Grieche oder Jude, Beschnittener oder Unbeschnittener, Nichtgrieche, Skythe, Sklave, Freier, sondern alles und in allen Christus»* –, so werden durch diese Tatsache Gottes besondere Pläne mit Israel dennoch nicht aufgehoben.

Lasst uns nun Israels wunderbare Zukunft betrachten. Wir finden in der Schrift in Beziehung auf das Volk Israel immer wieder das Wörtlein «bis». Der Herr Jesus sagt: *«Siehe, ‹euer Haus soll euch wüst gelassen werden›. Denn ich sage euch: Ihr werdet mich von jetzt an nicht sehen, bis ihr sprecht: Gelobt sei, der da kommt im Namen des Herrn!»* (Mt 23,38-39). Dieses «bis» liegt noch vor uns.

Ganz Israel wird Ihn loben und preisen, nachdem es sich zu Ihm bekehrt hat. Im Hinblick auf das Land ist das «bis» bereits erfüllt, wie es vorausgesagt wurde: *«Sie werden die alten Trümmer wieder aufbauen und, was vorzeiten zerstört worden ist, wieder aufrichten; sie werden die verwüsteten Städte erneuern, die von Geschlecht zu Geschlecht zerstört gelegen haben. Fremde werden hintreten und eure Herden weiden, und Ausländer werden eure Ackerleute und Weingärtner sein»* (Jes 61,4-5). Auch im Hinblick auf die Stadt gibt es das wunderbare göttliche «bis»: *«Und sie werden fallen durch die Schärfe des Schwertes und gefangen weggeführt unter alle Völker, und Jerusalem wird zertreten werden von den Heiden, bis die Zeiten der Heiden erfüllt sind»* (Lk 21,24).

Israel wird sowohl eine nationale als auch eine geistliche Zukunft haben. Diese wird zum Schluss mit der Gemeinde Jesu zusammenfliessen. Die Wege Gottes mit der Gemeinde Jesu und mit Israel zu dem einen grossen Ziel hin – zur Aufrichtung Seines Königreiches –, sind aber ganz verschieden. Gott lässt das Sichtbare in und durch Sein Volk durch Werke und Wunder schon jetzt geschehen, währenddem das Unsichtbare, die Verwandlung ihrer Herzen, erst später geschieht. Bei der Gemeinde Jesu ist es umgekehrt. Zuerst beginnt es unsichtbar. Ein Mensch, der von neuem geboren wird, wird durch den Geist Gottes von innen heraus erneuert, und danach wird die Frucht des Geistes sichtbar. Über Israels Zukunft gibt es zwei Weissagungen, die so deutlich sind, dass man nichts daran vergeistlichen kann. Die erste lautet: *«Denn ich will sie in ihr Land pflanzen, dass sie nicht mehr aus ihrem Land ausgerottet werden, das ich ihnen gegeben habe»* (Am 9,15). Das ist sehr klar. Diese Verheissung, die sich auf das Irdische bezieht, wird heute im Nahen Osten vor den Augen der ganzen Welt in gewaltigem Ausmass sichtbar. Die andere Verheissung steht im Neuen Testament und bezieht sich auf die geistliche Wiederherstellung: *«. . . was wird ihre Annahme anderes sein als Leben aus den Toten!»* (Röm 11,15). So wie heute die Erfüllung der natürlichen Verheissung vor unseren Augen sichtbar ist, so wird auch die geistliche Verheissung an Israel erfüllt. Ganz Israel wird selig werden! Die ersten Anzeichen sind bereits vorhanden; ein Fragen nach dem Messias wird hörbar. Der Prophet Hesekiel beschreibt diesen Vorgang wie folgt: *«Und ich weissagte, wie mir befohlen war. Und siehe, da rauschte es, als ich weissagte, und siehe, es regte sich, und die Gebeine rückten zusammen, Gebein zu Gebein. Und ich sah, und siehe, es wuchsen Sehnen und Fleisch darauf, und sie wurden mit Haut überzogen; es war aber noch kein Odem in ihnen»* (Hes 37,7-8). Das ist die heutige Situation in Israel. Damit ist aber die Erfüllung nicht abgeschlossen, denn es heisst weiter in Vers 9: *«Und er sprach zu mir: Weissage zum Odem; weissage, du Menschenkind, und sprich zum Odem: So spricht Gott der Herr: Odem, komm herzu von den vier Winden und blase diese Getöteten an, dass sie wieder lebendig werden! Und ich weissagte, wie er mir befohlen hatte. Da kam der Odem in sie, und sie wurden wieder lebendig und stellten sich auf ihre Füsse, ein überaus grosses Heer»* (Hes 37, 9-10). Die weitere Erklärung zeigt unmissverständlich klar, dass es sich hier um Israel und nicht etwa um die Kirche handelt, denn in Vers 11 lesen wir: *«Und er sprach zu mir: Du Menschenkind, diese Gebeine sind das ganze Haus Israel. Siehe, jetzt sprechen sie: Unsere Gebeine sind verdorrt, und unsere Hoffnung ist verloren, und es ist aus mit uns.»* Bis hierher kommt mancher Christ innerlich mit, doch der Text geht weiter: *«Darum weissage und sprich zu ihnen: So spricht Gott der Herr: Siehe, ich will eure Gräber auftun und hole euch, mein Volk, aus euren Gräbern herauf und bringe euch ins Land Israels. Und ihr sollt erfahren, dass ich der Herr bin, wenn ich eure Gräber öffne und euch, mein Volk, aus euren Gräbern heraufhole. Und ich will meinen Odem in euch geben, dass ihr wieder leben sollt»* (Hes 37,12-14). In diesem Kapitel wird uns die wunderbare Reihenfolge des Geschehens am Volk Israel vor Augen geführt und uns gezeigt, dass die nationale und dann auch die geistliche Zukunft erfüllt wird. So lesen wir in den Versen 25 und 27 desselben Kapitels: *«Und sie sollen wieder in dem Lande wohnen, das ich meinem Knecht Jakob gegeben habe, in dem eure Väter gewohnt haben. Sie und ihre Kinder und Kindeskinder sollen darin wohnen für immer, und mein Knecht David soll für immer ihr Fürst sein. Ich will unter ihnen wohnen und will ihr Gott sein, und sie sollen mein Volk sein.»* Also: erst Rückführung des Volkes in das Land (nationale Zukunft) und dann die Bekehrung des Volkes (geistliche Zukunft). Daraus ersehen wir klar, dass nicht nur die Weissagungen in nationaler, sondern auch jene in geistlicher Hinsicht erfüllt werden. So erfüllt der Herr in wunderbarer Reihenfolge eine Verheissung nach der andern!

Abraham wurde vom Herrn aufgefordert: *«Darum so mache dich auf und ziehe durch das Land in die Länge und Breite; denn dir will ich's geben»* (1.Mo 13,17, Lth.'12). Abraham durchmass damals den Schauplatz des alten Orients, und dabei wurden alle jene Länder berührt, deren Herrscher später in die Geschichte des Bundesvolkes eingriffen. Das betraf den ganzen Raum Mesopotamiens, des heutigen Irak, bis zum Nilland, Ägypten. Indem Abraham im Gehorsam das Land in der Länge und Breite durchzog – die Höhe und Tiefe erwähnte der Herr noch nicht –, handelte Abraham, ein Mann des Advents, im Geiste Jesu und freute sich dabei, schon von ferne zu sehen und zu ahnen: *«So könnt ihr mit allen Heiligen begreifen, welches die Breite und die Länge und die Höhe und die Tiefe ist, auch die Liebe Christi erkennen, die alle Erkenntnis übertrifft, damit ihr erfüllt werdet mit der ganzen Gottesfülle»* (Eph 3,18-19).

Wenn, wie gesagt, Abraham zunächst nur die horizontale Linie abschritt, so kennen wir als Gläubige des Neuen Bundes durch Gottes Gnade auch die vertikale. Diese vertikale Linie, von oben nach unten, fand im Tode Jesu am Kreuz von Golgatha und in Seinem Ausruf «Es ist vollbracht!» die Erfüllung. Da wurden Himmel und Erde verbunden. Und dies geschah in Israel! Ich wiederhole: Nicht nur die horizontale, sondern auch die vertikale Linie wurde gezogen. Gott wird durch Jesus Christus die Christokratie, das heisst die Christusherrschaft, aufrichten, und zwar mit der verherrlichten Gemeinde von himmlischen Regionen aus. Dies betrifft also die Gemeinde. Wenden wir uns aber wieder der kommenden Weltherrschaft Israels und deren Stellung im Königreich Jesu Christi zu.

Wenn Israels nationale, internationale und geistliche Berufung zeitlich zusammenfallen, wird das für die ganze Völkerwelt ein unbeschreiblicher Segen sein: «*Wenn aber schon ihr Fall Reichtum für die Welt ist und ihr Schade Reichtum für die Heiden, wie viel mehr wird es Reichtum sein, wenn ihre Zahl voll wird*» (Röm 11,12). Alle Nationen werden sich dann über die göttliche Regierung von Israel aus freuen. Psalm 67 sagt diesbezüglich: «*Es danken dir, Gott, die Völker, es danken dir alle Völker. Die Völker freuen sich und jauchzen, dass du die Menschen recht richtest und regierst die Völker auf Erden*» (V.4-5). Nach Psalm 18,44 wird Israel zum Haupt der Völker gestellt: «*Du hilfst mir aus dem Streit des Volkes und machst mich zum Haupt über Heiden; ein Volk, das ich nicht kannte, dient mir.*» Das hat Gott auch Mose verheissen: «*Wenn du nun der Stimme des Herrn, deines Gottes, gehorchen wirst, dass du hältst und tust alle seine Gebote, die ich dir heute gebiete, so wird dich der Herr, dein Gott, zum höchsten über alle Völker auf Erden machen*» (5.Mo 28,1).

Hier werden viele einwenden: «Aber Israel ist doch noch nicht gehorsam!» Tatsächlich konnte der Herr bis jetzt nur Seine natürlichen, nicht aber Seine geistlichen Verheissungen an Israel erfüllen. Warum nicht? Hat Israel denn noch nicht genug gelitten? Die Ursache liegt bei den Heiden und Heiden-Christen. Diese sind im Geist nicht gehorsam, und darum ist Israel noch blind für seinen Messias: *«Blindheit ist Israel zum Teil widerfahren, so lange, bis die Fülle der Heiden eingegangen sei»* (Röm 11,25, Lth.'12). Die Blindheit über Israel wird also nicht weichen bis sich der letzte Heide bekehrt hat, bis dass die Fülle der Heiden eingegangen ist! Darum, wer Israel richtet, der richtet sich selbst. Eine machtvolle Erweckung unter uns würde die Vollzahl der Heiden beschleunigt herbeiführen und die Blindheit Israels könnte weichen. Nicht nur die Völker als solche haben sich in psychischer, politischer, wirtschaftlicher und militärischer Hinsicht an Israel versündigt, sondern vielmehr die Christenheit. Sie ist durch ihre Trägheit, ihre Gebetslosigkeit und ihre geistliche Unfruchtbarkeit an Israel schuldig geworden. Deshalb rufen wir jedem Kind Gottes zu: *«Wach auf, der du schläfst, und steh auf von den Toten»* (Eph 5,14), damit du von Christus erleuchtet wirst und Er in Israel erscheinen kann!

Die Stellung Israels im Tausendjährigen Friedensreich

«Denn wenn ihre Verwerfung die Versöhnung der Welt ist, was wird ihre Annahme anderes sein als Leben aus den Toten!» (Röm 11,15).

Wenn Israel sich bekehrt, fällt plötzlich die Hülle von diesem Volke weg (2.Kor 3,13-15). Das jahrtausendealte Rätsel wird gelöst, wenn Jesus, der Messias, sich Seinen Brüdern zu erkennen gibt, wie sich damals Josef seinen Brüdern zu erkennen gab. Wir finden keine Antwort auf die Fragen: «Was ist Israel?» Oder: «Warum musste dieses Volk einen so tiefen Leidensweg gehen?» Oder: «Warum wird Israel von allen Völkern verworfen?» Die Antwort wird erst dann gegeben, wenn sein Messias erscheint, weil sich dann Seine wunderbare Auferstehungskraft mit Seinem auferstandenen Volk vereinigen wird. Dann wird sich buchstäblich erfüllen, was schon der Prophet Micha geweissagt hat: *«Er aber wird auftreten und weiden in der Kraft des Herrn und in der Macht des Namens des Herrn, seines Gottes. Und sie werden sicher wohnen; denn er wird zur selben Zeit herrlich werden, so weit die Welt ist. Und es werden die Übriggebliebenen aus Jakob unter vielen Völkern sein wie Tau vom Herrn, wie Regen aufs Gras, der auf niemand harrt noch auf Menschen wartet»* (Mi 5,3.6). Tatsächlich wird Israel dann nicht mehr von der Gunst der USA oder irgendeiner andern Nation abhängig sein, sondern Jesus Christus, der Messias selbst, wird Israels Grösse, Macht und Herrlichkeit sein. Israel wird zwar die politische, militärische und wirtschaftliche Vormacht haben, aber diese wird vor dem unfassbar Herrlichen, das schon Jesaja in Worte zu fassen versuchte, in den Hintergrund treten: *«Und die Heiden werden zu deinem Lichte ziehen und die Könige zum Glanz, der über dir aufgeht»* (Jes 60,3). Es wird sich auch verwirklichen, dass das «Würmlein Jakob», wie es in Jesaja 41,14 genannt wird, das Haupt aller Völker sein wird: *«Und alle Völker auf Erden werden sehen, dass über dir der Name des Herrn genannt ist, und werden sich vor dir fürchten. Und der Herr wird dich zum Kopf machen und nicht zum Schwanz, und du wirst immer aufwärts steigen und nicht heruntersinken, weil du gehorsam bist den Geboten des Herrn, deines Gottes, die ich dir heute gebiete zu halten und zu tun»* (5.Mo 28,10.13).

Ist das denn nicht auch das Geheimnis der Herrlichkeit eines Gotteskindes hier auf Erden? Was bist du denn ohne Jesus? Schwach, elend, verzagt, sündig, missmutig und ungläubig! Und was bist du mit Jesus? Herrlich und gerecht, makellos und siegreich. Das wird in der Tat so sein, und zwar im Augenblick der Entrückung, wenn wir Ihn sehen wie Er ist und wir mit Ihm vereinigt werden.

Der Anbruch dieses tausendjährigen, unaussprechlich herrlichen Friedensreiches steht bevor. Die Konsequenz für alle Völker wird Freude, aber auch Furcht sein: *«Schlagt froh in die Hände, alle Völker, und jauchzet Gott mit fröhlichem Schall! Denn der Herr, der Allerhöchste, ist heilig, ein grosser König über die ganze Erde. Er beugt die Völker unter uns und Völkerschaften unter unsere Füsse. Er erwählt uns unser Erbteil, die Herrlichkeit Jakobs, den er lieb hat»* (Ps 47,2-5). Nicht alle werden sich bedingungslos unter die Herrschaft Jesu Christi beugen. Diejenigen aber, die sich auflehnen, müssen unweigerlich mit Gericht rechnen, das von Israel ausgehen wird: *«Denn welche Völker oder Königreiche dir nicht dienen wollen, die sollen umkommen und die Völker verwüstet werden»* (Jes 60,12). Zu diesem Zeitpunkt wird dann auch die heute noch chronische Libanonkrise endgültig gelöst sein: *«Die Herrlichkeit des Libanon soll zu dir kommen, Zypressen, Buchsbaum und Kiefern miteinander, zu schmücken den Ort meines Heiligtums; denn ich will die Stätte meiner Füsse herrlich machen»* (Jes 60,13). Alle diese Aussagen der Schrift stimmen mit Gottes ursprünglichen Absichten mit Israel überein. Er verwirklicht alles, was Er sich vor Grundlegung der Welt vorgenommen hat. Dass alle Völker Israel untergeordnet sein werden, lesen wir auch in 5.Mose 32,8-9: *«Als der Höchste den Völkern Land zuteilte und der Menschen Kinder voneinander schied, da setzte er die Grenzen der Völker nach der Zahl der Söhne Israels. Denn des Herrn Teil ist sein Volk, Jakob ist sein Erbe.»*

Welches sind nun die Konsequenzen für uns Heidenchristen, die wir in dieser Zeit leben, in der dies alles zu geschehen anfängt?

1. Segne Israel und Jerusalem, denn der Herr hat dem Vater Israels gesagt: *«Ich will segnen, die dich segnen und verfluchen, die dich verfluchen»* (1.Mo 12,3).

2. Wenn du ein Kind Gottes bist, ist es wichtig, dass du dich jetzt auf deinen plötzlichen Abruf vorbereitest, denn die Entrückung steht vor der Tür. Wenn die Gemeinde Jesu zum Herrn entrückt ist, kann der Antichrist für kurze Zeit wüten, aber dann beginnt das Tausendjährige Reich.

3. Stehe jetzt, wo die Nacht vorrückt und die Anfechtungen immer heftiger werden, fest zu Jesus und bleibe in der Stellung des Mitgekreuzigtseins, bis dass Er wiederkommt. Vereinige dich durch Glaubensgehorsam mit dem Heiligen Geist, so dass du mit dem Geist rufen kannst: *«Komme bald, Herr Jesus!»*

Wo befindet sich die Gemeinde Jesu während des Tausendjährigen Reiches?

«. . . zuerst werden die Toten, die in Christus gestorben sind, auferstehen. Danach werden wir, die wir leben und übrigbleiben, zugleich mit ihnen entrückt werden auf den Wolken in die Luft, dem Herrn entgegen; und so werden wir bei dem Herrn sein allezeit» (1.Thess 4,16-17).

Der Treffpunkt Jesu mit Seinen Heiligen bei der Entrückung wird nur einmal genannt, und zwar im obigen Schriftabschnitt. Wir werden Jesus in der Luft begegnen und Ihn sehen wie Er ist. Der Treffpunkt zwischen Jesus und Seinem Volk Israel wird jedoch auf der Erde sein. Er wird vom Propheten Sacharja geographisch genau beschrieben: *«Und seine Füsse werden stehen zu der Zeit auf dem Ölberg . . .»* (Sach 14,4). Israel ist Gottes irdisches Volk – der Herr Jesus begegnet ihm auf Erden. Die Gemeinde Jesu ist Sein himmlisches Volk – Er begegnet ihr in der Luft.

«Und ich sah den Himmel aufgetan; und siehe, ein weisses Pferd. Und der darauf sass, hiess: Treu und

Wahrhaftig, und er richtet und kämpft mit Gerechtigkeit. Und ihm folgte das Heer des Himmels auf weissen Pferden, angetan mit weissem, reinem Leinen» (Offb 19,11.14). Hier wird vom Wiederkommen des Herrn Jesus in grosser Kraft und Herrlichkeit und in Begleitung Seiner Brautgemeinde gesprochen. Das Heer auf den weissen Pferden ist die Gemeinde. Schon Henoch durfte, wie Judas in seinem Brief schreibt, im Geist dieses wunderbare Geschehen schauen: *«Siehe, der Herr kommt mit seinen vielen tausend Heiligen»* (V.14). So sagt es uns auch der Prophet Sacharja: *«Da wird dann kommen der Herr, mein Gott, und alle Heiligen mit ihm»* (Sach 14,5). Wenn dies geschieht, werden sich im Himmel und auf der Erde in kürzester Zeit unsagbar herrliche, aber auch schreckliche Dinge abspielen.

Damit wir besser verstehen, wo sich die Gemeinde Jesu während des Tausendjährigen Reiches befindet, müssen wir beides, die herrlichen und die schrecklichen Dinge, noch kurz betrachten, und zwar zunächst im Blick auf die Entrückung. Denjenigen Menschen, die an der Entrückung teilhaben, wird ungeahnte Seligkeit zuteil werden. Die andern aber bringt das plötzliche Ereignis in fassungslose Verzweiflung und Israel in grösste Not. Das Entsetzliche für die auf Erden Zurückgebliebenen besteht darin, dass . . .

– die leibliche Abwesenheit der Kinder Gottes für viele Tausende eine Familientragödie mit sich bringt, weil dann die grosse Trennung zur Tatsache geworden ist;

– der Heilige Geist nicht mehr auf dieser Erde anwesend ist und Gott viele Namenchristen mit Schrecken aufwachen lässt;
– der Antichrist spürbar anwesend ist und seinen satanischen Triumph feiert.

Diese Situation vermögen wir uns nicht vorzustellen. Das aber hat Jesus gemeint, als Er sprach: *«Denn es wird dann eine grosse Bedrängnis sein, wie sie nicht gewesen ist vom Anfang der Welt bis jetzt und auch nicht wieder werden wird»* (Mt 24,21). Was nun während der Trübsalszeit auf Erden geschieht – die anfängliche Berauschung und weltweite Verführung durch den Antichristen und das nachherige greuliche Gemetzel auf Erden –, wollen wir an dieser Stelle nicht beschreiben. Wir wollen vielmehr die Tatsache beachten, dass die Gemeinde, und damit der Heilige Geist, dann von der Erde weg sind, was ein unermessliches Vakuum zur Folge haben wird. Das bedeutet, dass dann die «Bremse» für die Offenbarung des Antichristen, für die höchste Potenz der Bosheit, gelöst sein wird. Von diesem Höhepunkt der satanischen Offenbarung auf Erden lesen wir: *«Darum freut euch, ihr Himmel und die darin wohnen! Weh aber der Erde und dem Meer! Denn der Teufel kommt zu euch hinab und hat einen grossen Zorn und weiss, dass er wenig Zeit hat»* (Offb 12,12). Wir sehen also einerseits äusserste Herrlichkeit im Himmel und andererseits äusserste Verzweiflung auf Erden. Diese nie dagewesene notvolle Lage auf Erden zeigt das Kommen Jesu an, denn: *«Wenn der Morgen schon kommt, so wird es doch Nacht sein»* (Jes 21,12, Lth.'12).

Auf welche Weise kommt nun der Herr Jesus nach der Entrückung und nach der grossen Trübsal? Erstens: Sichtbar! Es heisst, dass alle Augen Ihn sehen werden (Offb 1,7), und in Sacharja 14,4 steht ganz klar: *«Seine Füsse werden stehen zu der Zeit auf dem Ölberg.»* Zweitens: Er kommt nicht allein, auch nicht nur in Begleitung der Engel, sondern mit Seiner Brautgemeinde. Was wird dann geschehen? Wird Er dann sogleich das Tausendjährige Reich aufrichten? Nein, denn zunächst wird der Sieg des Lammes, unter Mitbeteiligung der verherrlichten Gemeinde, als Gerichtsbarkeit ausgeübt. Ich möchte betonen: Es geht um die Ausübung des Sieges, und nicht um das Besiegen des Feindes, wie das oftmals ausgelegt wird. Es ist der längst errungene Sieg, der zur Anwendung kommt. Von diesem Zusammenprall mit dem Antichristen steht geschrieben: *«Die werden gegen das Lamm kämpfen, und das Lamm wird sie überwinden, denn es ist der Herr aller Herren und der König aller Könige, und die mit ihm sind, sind die Berufenen und Auserwählten und Gläubigen»* (Offb 17,14). Wenn das Lamm mit Seinen Berufenen und Auserwählten wiederkommt, wird es den Feind überwinden, weil es der Herr aller Herren und König aller Könige ist! Wie dieser errungene Sieg zur Ausübung kommt, geht eindrücklich aus der Beschreibung der Mittel hervor, die der Herr dazu gebraucht. Sind es Flugzeuge, Panzer, Bomben? Nein! Die Vernichtung des Feindes geschieht auf eine ganz andere Art: *«Dann wird der Böse offenbart werden. Ihn wird der Herr Jesus umbringen mit dem Hauch seines Mundes und wird ihm ein Ende machen durch seine Erscheinung, wenn er kommt»* (2.Thess 2,8). Die Menge-Übersetzung sagt: *«Dann erst wird der Gesetzlose offen hervortreten, den der Herr Jesus aber durch den Hauch seines Mundes wegraffen und durch den Eintritt seiner Ankunft vernichten wird.»* Bei der Wiederkunft unseres Herrn sehen wir Seine Souveränität, denn Er muss nicht erst noch den Feind besiegen, sondern durch den Hauch Seines Mundes, durch Seinen Geist, ja, durch Seine Erscheinung schlechthin, wird Er ihm ein Ende bereiten.

Willst du an jenem grossen Tag bei der Ausübung des Sieges des Lammes dabei sein? Dann musst du schon jetzt in deinem Leben von diesem Sieg aus kämpfen lernen. Das dürfen und sollen wir! Aber wie können wir das verwirklichen? Antwort: *«Es soll nicht durch Heer oder Kraft, sondern durch meinen Geist geschehen, spricht der Herr Zebaoth»* (Sach 4,6). Doch auch deine Person ist mitbeteiligt, das heisst: Wenn du einen Wandel im Licht führst, ist deine Person schon lauter Sieg, so dass der Teufel sich fürchtet. Achte darauf: Das Lamm wird ihn überwinden, weil es überwunden hat. Es braucht nur zu erscheinen, denn wo Jesus hinkommt, da ist Satans Macht gebrochen. Wenn Jesus in uns wohnt und Er die totale Herrschaft über unser Leben hat, sind wir unbesiegbar, so dass unser Wandel ein Wandel im Sieg ist. Damit wir zu Seiner Zeit vor aller Welt sichtbar den Sieg des Lammes manifestieren dürfen, ist uns geboten, ihn jetzt schon auszuüben. Darum lautet meine Frage an dich: Bist du im Alltag ein Überwinder? Die Zeit eilt! Denn schon bald solltest du mit dem kommenden König, Jesus Christus, aus dem geöffneten Himmel erscheinen.

Betrachten wir noch einen weiteren Aspekt zur Frage beziehungsweise deren Beantwortung, wo sich die Gemeinde Jesu während des Tausendjährigen Reiches befindet: *«Die Herrlichkeit des Herrn soll offenbart werden, und alles Fleisch miteinander wird es sehen; denn des Herrn Mund hat's geredet»* (Jes 40,5). Welch ein durchdringend klares Wort! Die Herrlichkeit des Herrn soll auf Erden offenbart werden, so dass alles Fleisch es miteinander sehen soll. Der Gemeinde Jesu ist in Bezug auf die Herrlichkeitsoffenbarung des Lammes eine ausdrückliche Verheissung gegeben: *«Wenn aber Christus, euer Leben, sich offenbaren wird, dann werdet ihr auch offenbar werden mit ihm in Herrlichkeit»* (Kol 3,4). Welches ist der erste Auftrag der Gemeinde Jesu bei der Offenbarung mit Jesus in der Herrlichkeit? Zuerst soll die Gerichtsbarkeit des Lammes zur Ausführung kommen. Der Herr Jesus selbst gibt uns darüber klar Aufschluss: *«Wenn aber der Menschensohn kommen wird in seiner Herrlichkeit, und alle Engel mit ihm, dann wird er sitzen auf dem Thron seiner Herrlichkeit, und alle Völker werden vor ihm versammelt werden. Und er wird sie voneinander scheiden, wie ein Hirt die Schafe von den Böcken scheidet»* (Mt 25,31-32). Dieser Aussage können wir etwas entnehmen, was für unsere spätere Stellung, wenn wir durch Gottes Gnade Überwinder geworden sind, sehr wichtig ist. Fürs Erste: Die Ausübung der Gerichtsbarkeit des Lammes ist ein Gericht auf Erden, denn alle Völker müssen vor Ihm erscheinen. Dies ist nicht zu verwechseln mit Offenbarung 20,12: *«. . . die Toten, beide, gross und klein, stehen vor Gott . . .»* (Lth.'14), denn das steht mit dem Jüngsten Gericht im Zusammenhang. Die Gerichtsfrage des Königs an jedes Volk lautet vielmehr: «Was hast du an und mit Israel getan?» Wörtlich: *«Der König wird antworten und zu ihnen sagen: Wahrlich, ich sage euch: Was ihr getan habt einem von diesen meinen geringsten Brüdern, das habt ihr mir getan»* (Mt 25,40). Der Herr Jesus wird bei der Ausübung Seiner Gerichtsbarkeit Seine irdische Nationalität nicht verleugnen. Diejenigen Völker, die Israel gesegnet haben, sind Brüder des Königs und werden dann als *irdische* Miterben des Friedensreiches eingesetzt. Das lesen wir in Matthäus 25,34: *«Da wird dann der König sagen zu denen zu seiner Rechten: Kommt her, ihr Gesegneten meines Vaters, ererbt das Reich, das euch bereitet ist von Anbeginn der Welt!»* Beachten wir, dass diejenigen zu seiner Rechten nicht dieselbe Stellung haben wie die Gemeinde Jesu. Wohl dürfen sie im Tausendjährigen Friedensreich miterben, aber die Gemeinde Jesu hat mehr.

Das Gericht über die Feinde Israels wird entsetzlich sein! Der Herr sagt: *«Dann wird er auch sagen zu denen zur Linken: Geht weg von mir, ihr Verfluchten, in das ewige Feuer, das bereitet ist dem Teufel und seinen En-*

geln!» (Mt 25,41). Dass die Gemeinde Jesu an der Ausübung der Gerichtsbarkeit über die Völker mitbeteiligt ist, hat Paulus ausdrücklich erwähnt: *«Wisst ihr nicht, dass die Heiligen die Welt richten werden?»* (1.Kor 6,2). Aus dem Munde Jesu vernehmen wir das nicht. Er sagt lediglich: *«Wenn aber der Menschensohn kommen wird in seiner Herrlichkeit, und alle Engel mit ihm, dann wird er sitzen auf dem Thron seiner Herrlichkeit»* (Mt 25,31). Warum wird denn die Gemeinde in diesem Zusammenhang vom Herrn nicht speziell erwähnt? Ich glaube, dass dies eine herrliche Ursache hat: die Wesenseinheit der Gemeinde und des Lammes! Die Gemeinde ist dann die Frau des Lammes, denn die Hochzeit des Lammes im Himmel hat dann bereits stattgefunden. Die Gemeinde Jesu ist gleichzeitig Sein Leib und Seine Glieder, und Er ist unser Haupt. Die Vereinigung der Gemeinde mit dem Lamm ist so selbstverständlich und so vollkommen, dass sie vom Herrn nicht mehr ausdrücklich erwähnt wird.

Nach dieser ersten Stufe der Herrlichkeitsoffenbarung, der Ausübung der Gerichtsbarkeit, folgt die Friedensherrschaft. Der Herr Jesus übernimmt mit den Seinen die Macht. Das wird uns auch so verheissen: *«Dulden wir, so werden wir mit herrschen»* (2.Tim 2,12). Beschrieben wird die Gemeinde Jesu in Offenbarung 20,6: *«Selig ist der und heilig, der teilhat an der ersten Auferstehung. Über diese hat der zweite Tod keine Macht; sondern sie werden Priester Gottes und Christi sein ...»*. Aber noch ist die Frage: «Wo werden wir denn während des Tausendjährigen Reiches sein; wo werden wir wohnen?», nicht ganz beantwortet. Stellen wir sie noch etwas konkreter: «Wie lautet unsere Adresse während des Tausendjährigen Reiches?» So wurde der Herr Jesus schon damals, als Er noch auf Erden wandelte, von Seinen Jüngern gefragt: *«. . . Rabbi, wo wohnst du? Er sprach zu ihnen: Kommt und seht»* (Joh 1,38-39, Schl.). Es ist also kein Geheimnis, wo die Wiedergeborenen, wir, zu Hause sein werden. Lasst mich vorwegnehmen: *«Wir werden bei dem Herrn sein allezeit»* (1.Thess 4,17). Wir sind aufs innigste mit dem König verbunden und werden Seine irdische, aber noch vielmehr auch Seine himmlische Herrlichkeit mit Ihm teilen. Das bedeutet für uns, dass wir mit Ihm auf Erden herrschen, nicht aber auf Erden wohnen werden. Das irdische Jerusalem wird dann dasselbe erfahren wie zur Zeit des Alten Testamentes. Der Herr war damals in der Schechinah unter dem Volk Israel. Er selbst aber thronte im Himmel. Das himmlische Jerusalem wird nach Offenbarung 21,9-10 der Frau (Braut) des Lammes gleichgestellt und hat zweifelsohne eine innige Verbindung mit dem irdischen Jerusalem in Israel. Die Frage nach unserem Wohnort wird noch klarer beantwortet, wenn wir den auferstandenen Herrn betrachten: Er war noch vierzig Tage auf Erden, und doch war Er nicht auf Erden. Er erschien Seinen Jüngern und Er verschwand wieder. Die Materie und die Entfernungen waren für Ihn keine Hindernisse mehr. Er ass mit den Jüngern, und plötzlich war Er nicht mehr da. Das Erstaunlichste wird sein, dass auch wir, die wir Überwinder und

Bluterkaufte sind, bei der ersten Auferstehung einen verklärten Leib erhalten, ähnlich Seinem verklärten Leib. Dies geschieht nach Philipper 3,21 nach der Wirkung, mit der Er sich auch alle Dinge untertan machen kann. Das zeigt uns, wo wir während des Tausendjährigen Reiches wohnen werden. Die genaue Adresse wird uns in Johannes 14,2 angegeben: in des Vaters Haus. Der Herr Jesus selbst hat diese Anschrift gegeben: *«In meines Vaters Haus sind viele Wohnungen.»* Wir werden zwar auf dieser Erde wirksam sein, sichtbar und oft unsichtbar, wie die Engel, denn der Herr sagt, dass wir in der Auferstehung der Toten den Engeln gleich sein werden. Im Tausendjährigen Reich wird einem jeden das Mass des Herrschaftsbereiches nach dem Grad seiner Treue hier auf Erden zugemessen. Unsere Heimat aber ist und bleibt dort in der Höhe! Ich möchte dir jetzt das zu bedenken geben, was der Herr Jesus gesagt hat: *«Wer überwindet, dem will ich geben, mit mir auf meinem Thron zu sitzen, wie auch ich überwunden habe und mich gesetzt habe mit meinem Vater auf seinen Thron»* (Offb 3,21).

Die Stellung der Gemeinde Jesu jetzt und im Tausendjährigen Reich

«Damit jetzt kund werde die mannigfaltige Weisheit Gottes den Mächten und Gewalten im Himmel durch die Gemeinde» (Eph 3,10).

Gott hat einen Zukunftsplan mit der Gemeinde Jesu. Um diese Zukunft besser verstehen zu können, betrachten wir zuerst einmal Seinen Plan mit der Gemeinde für diese Zeit. Darüber gibt uns Epheser 3,10 Aufschluss: *«Damit jetzt kund werde die mannigfaltige Weisheit Gottes den Mächten und Gewalten im Himmel durch die Gemeinde.»* Das ist eine gewaltige Aussage! Wie sollte ich da in gebührender Weise von Gottes mannigfaltiger Weisheit sprechen können? Paulus sagt: *«Dies Geheimnis ist gross; ich deute es aber auf Christus und die Gemeinde»* (Eph 5,32). Damit deutet er an, dass die Gemeinde Jesu ein Gegenstand von Gottes umfassender und unergründlicher Weisheit ist. In der Menge-Übersetzung ist es so formuliert: *«Damit jetzt den Fürstentümern und Gewalten in der Himmelswelt durch die Gemeinde die vielgestaltige Weisheit Gottes kundgetan werde.»* Die unerschöpfliche Weisheit Gottes findet ihren Niederschlag in der Gemeinde Jesu, indem Kinder Satans zu Kindern Gottes werden. Diese vielen Glieder werden zu einem Leib, denn der geliebte Sohn bildet eine organische Einheit mit Seinen Bluterkauften, deren Haupt Er ist. Darüber staunt auch die Engelwelt, während Satan mit den Zähnen knirscht. Unserer geistlichen Gesinnung wegen sind wir in dieser Welt Fremdlinge und müssen uns als solche bewahren lassen. Petrus schreibt diesbezüglich: *«Liebe Brüder, ich ermahne euch als Fremdlinge und Pilger: Enthaltet euch von fleischlichen Begierden, die gegen die Seele streiten»* (1.Petr 2,11). Wir verstehen daher die mancherlei Anfechtungen, die vielen Trübsale und zahlreichen Versuchungen, zumal wir sowohl hier auf Erden als auch vor der unsichtbaren Welt zu einem Teil die mannigfaltige Herrlichkeit und Weisheit Gottes darstellen.

Was ist nun Gottes Absicht mit der Gemeinde Jesu für die Zukunft? Die Antwort gibt uns Epheser 2,7: *«Damit er in den kommenden Zeiten erzeige den überschwenglichen Reichtum seiner Gnade durch seine Güte gegen uns in Christus Jesus.»* Menge übersetzt: *«. . . um in den kommenden Weltzeiten den überschwenglichen Reichtum seiner Gnade durch die Gütigkeit gegen uns in Christus Jesus zu erweisen.»* Die Enthüllung des überschwenglichen Reichtums Seiner Gnade ist so unfassbar gross, dass wir nur etwas davon ahnen können, wenn wir die sieben Bilder der Gemeinde, die uns der Herr Jesus gegeben hat, betrachten:

1. Wir sind Schafe eines Hirten – Jesus.
2. Wir sind lebendige Steine, aufgebaut zu einer geistlichen Behausung auf dem einen Grundstein – Jesus.
3. Wir sind Reben an einem Weinstock – Jesus Christus.
4. Wir sind Glieder an einem Leibe – Jesus Christus.
5. Wir sind Priester im innersten Heiligtum – durch Jesus Christus.
6. Wir sind brennende Lichter in der Finsternis – durch Jesus Christus.
7. Wir sind die Braut des Bräutigams – Jesus.

Wir ersehen daraus, dass das Geheimnis gross ist. Darum sehnen wir uns nach der Erfüllung des Wortes: *«Wenn aber Christus, euer Leben, sich offenbaren wird, dann werdet ihr auch offenbar werden mit ihm in Herrlichkeit»* (Kol 3,4). Diese Herrlichkeit will und wird uns Jesus schenken. Das hat Er in Seinem hohepriesterlichen Gebet ausgesprochen: *«Vater, ich will, dass, wo ich bin, auch die bei mir seien, die du mir gegeben hast, damit sie meine Herrlichkeit sehen, die du mir gegeben hast; denn du hast mich geliebt, ehe der Grund der Welt gelegt war»* (Joh 17,24). Dieser Aussage des Herrn können wir entnehmen, dass die unfassbare Herrlichkeit der Gemeinde Jesu mit der Liebe des Vaters zum Sohn und der Liebe des Sohnes zur Gemeinde zusammenhängt.

Die Gemeinde Jesu und Israel sind Heilsorgane, die beide mit dem kommenden Königreich, dem Tausendjährigen Reich, eng verbunden sind. Viele meinen, dass die Gemeinde Jesu die geistliche Fortsetzung Israels sei. Mit andern Worten: Das Volk Israel sei als Heilsorgan Gottes für immer abgetan und die Gemeinde zur Nachfolgerin bestimmt worden. Deshalb seien alle Verheissungen Gottes auf die Gemeinde übertragen worden, und diese habe somit das Erbe Israels angetreten. Das ist eine Lüge Satans! Die Gemeinde Jesu ist nicht Nachfolgerin Israels, sondern ein geistliches Glied zwischen der zeitlichen Verwerfung und der nachherigen Wiederannahme Israels. Diese beiden Heilsorgane Gottes aber sind in Jesus Christus miteinander verbunden. Der Herr Jesus sagte Seinen Jüngern, dass Er Seine Gemeinde bauen wolle, dass Er aber auch Sein Königreich bestätigen werde. Als Petrus bekannte: *«Du bist Christus, des lebendigen Gottes Sohn!»*, sprach der Herr zu ihm: *«Du bist Petrus, und auf diesen Felsen will ich meine Gemeinde bauen, und die Pforten der Hölle sollen sie nicht überwältigen»* (Mt 16,16.18). Aber genauso spricht Er vom Reich: *«Und ich will euch das Reich zueignen, wie mir's mein Vater zugeeignet hat»* (Lk 22,29). Oder wie es Jakobus sagt: *«. . . wie Gott zum ersten Mal die Heiden gnädig heimgesucht hat, um aus ihnen ein Volk für seinen Namen zu gewinnen. ‹Danach will ich mich wieder zu ihnen wenden und will die zerfallene Hütte Davids wieder bauen, und ihre Trümmer will ich wieder aufbauen und will sie aufrichten›»* (Apg 15,14.16). Diese Parallele können wir heute in Israel und in der Gemeinde Jesu erkennen. Die Gemeinde Jesu wird in einer Zeit gebaut, in der Satan seine dämonische Herrschaft auf Erden ausüben kann; aber die Gemeinde kann nicht von ihm überwältigt werden, denn sie wird einst herrschen. Welch ein grosses Wunder Gottes haben wir da vor unseren Augen: Während der Teufel umhergeht wie ein brüllender Löwe, wird die Gemeinde gebaut! Die Macht des Königreiches aber wird während der Zeit ausgeübt, in der Satan für tausend Jahre gebunden sein wird. Offenbarung 20,4 redet nach meiner Erkenntnis von den zwölf Aposteln, die auf zwölf Thronen sitzen, um die zwölf Geschlechter Israels zu richten. Auch das ist ein Bild für die Gemeinde, denn Jesus sprach zu Seinen Jüngern: *«Wahrlich, ich sage euch: Ihr, die ihr mir nachgefolgt seid, werdet bei der Wiedergeburt, wenn der Menschensohn sitzen wird auf dem Thron seiner Herrlichkeit, auch sitzen auf zwölf Thronen und richten die zwölf Stämme Israels»* (Mt 19,28). Halten wir fest: Die Gemeinde ist der Leib, für welchen der Vater Seinen Sohn Jesus als Haupt gegeben hat. Für das Königreich ist Jesus Christus vom Vater als König bestimmt. Das ist die Erfüllung von Epheser 1,10: *«. . . um ihn auszuführen, wenn die Zeit erfüllt wäre, dass alles zusammengefasst würde in Christus, was im Himmel und auf Erden ist.»* Tausend Jahre lang werden wir den Himmel auf Erden haben. Danach wird das Allerletzte geschehen, nämlich das, was Petrus mit prophetischem Blick sah: *«Wir warten aber auf einen neuen Himmel und eine neue Erde nach seiner Verheissung, in denen Gerechtigkeit wohnt»* (2.Petr 3,13). Paulus dagegen sah die verschiedenen Phasen des Königreiches: *«Ein jeder aber in seiner Ordnung: als Erstling Christus; danach, wenn er kommen wird, die, die Christus angehören; danach das Ende, wenn er das Reich Gott, dem Vater, übergeben wird, nachdem er alle Herrschaft und alle Macht und Gewalt vernichtet hat»* (1.Kor 15,23-24). In diesem Zusammenhang soll noch auf die Bitte des Herrn: *«Dein Reich komme»*, hingewiesen werden, da diese oft falsch verstanden wird. Diese Worte besagen nicht, dass die Christusregierung durch die Ausbreitung des Evangeliums herbeigeführt wird, denn aus dem Zusammenhang der Schrift geht klar hervor, dass die gegenwärtige Verkündigung vom Königreich der Himmel eine innere Zubereitung für das kommende, sichtbare Reich Gottes ist. Wir befinden uns jetzt in Gottes königlicher Schule und werden gedemütigt, um nachher erhöht zu werden: *«Dulden wir, so werden wir mit herrschen»* (2.Tim 2,12). Der Auftrag, den die Gemeinde Jesu bis zur Übernahme der Regierung im Tausendjährigen Reich hat, wird von dem Herrn Jesus klar umrissen: *«Als sie nun zuhörten, sagte er ein weiteres Gleichnis; denn er war nahe bei Jerusalem, und sie meinten, das Reich Gottes werde sogleich offenbar werden. Und er sprach: Ein Fürst zog in ein fernes Land, um ein Königtum zu erlangen und dann zurückzukommen. Der liess zehn seiner Knechte rufen und gab ihnen zehn Pfund und sprach zu ihnen: Handelt damit, bis ich wiederkomme!»* (Lk 19,11-13). Das ist also unser Auftrag: Zu handeln, bis Jesus wiederkommt! Es gilt, die Zeit auszukaufen mit Beten, Ringen, Zeugen und zur Verkündigung einladen, sagte doch der Herr Jesus: *«Denn der Menschensohn ist gekommen, zu suchen und selig zu machen, was verloren ist»* (Lk 19,10).

Denken wir daran: Wenn das geistliche Bindeglied, das «Zwischenstück», die Gemeinde, durch die Entrückung von der Erde entfernt werden wird, dann wird Israel wieder zum Heilsorgan auf Erden. Denn mitten in der grossen Trübsal bricht das Heil wieder aus Israel hervor. Die ganze Welt, Israel inbegriffen, wird in nie dagewesenem Ausmass von einer Trübsal erfasst werden (Dan 12,1; Mt 24,21). Die Endschlacht der Völker zu Harmagedon wird eine schreckliche Realität sein (Offb 16,16). Dann aber, wenn Israel klagt und nach seinem Messias ruft, ist nicht nur der Augenblick der Erlösung gekommen, sondern auch der Augenblick, in dem Christus Sein Königreich einnimmt und jene mit einbezieht, die tausend Jahre mit Ihm herrschen werden. Der Herr Jesus selbst gibt uns diesbezüglich einen klaren Hinweis: *«Wenn aber der Menschensohn kommen wird in seiner Herrlichkeit, und alle Engel mit ihm, dann wird er sitzen auf dem Thron seiner Herrlichkeit ... Da wird dann der König sagen zu denen zu seiner Rechten: Kommt her, ihr Gesegneten meines Vaters, ererbt das Reich, das euch bereitet ist von Anbeginn der Welt!»* (Mt 25,31.34).

Wir kehren nochmals zu der Frage zurück: Wo befindet sich die Gemeinde Jesu im Tausendjährigen Reich? Die Antwort lautet: *«... bei Christus»* (Phil 1,23). Die Menge-Übersetzung sagt es so: *«... mit Christus vereint.»* Was wir jetzt im Geist erfahren, wird dann unbeschreibliche, selige Wirklichkeit sein, zumal wir Ihn sehen werden wie Er ist. Achten wir auf den immer wiederkehrenden Ausdruck «mit Ihm».

Bist du bereit, mit Jesus in der Herrlichkeit im Tausendjährigen Reich offenbar zu werden? Als Jesus von Seinen Jüngern Abschied nahm, versprach Er: *«Siehe, ich bin bei euch alle Tage bis an der Welt Ende»* (Mt 28,20). Das bedeutet für uns, dass Christus jetzt durch Seinen Heiligen Geist in uns und mit uns ist. Nach der Entrückung aber sind wir leibhaftig mit Christus. Dies will uns 1.Thessalonicher 4,17 sagen: *«. . . so werden wir bei dem Herrn sein allezeit.»*

Wahrlich, grosse herrliche Geheimnisse! Der Welt sind sie verborgen, dem Kind Gottes aber wird es offenbar! Dennoch: unsere Erkenntnis ist Stückwerk, denn das Geheimnis des Herrn ist gross. Das grösste Geheimnis ist Jesus selbst: *«Und kündlich gross ist das gottselige Geheimnis: Gott ist offenbart im Fleisch»* (1.Tim 3,16, Lth.'14).

Jesus zu kennen wie Er ist, ist die Voraussetzung für unsere Zukunftshoffnung. Paulus spricht noch von einem andern Geheimnis: *«Denn es regt sich schon das Geheimnis der Bosheit; nur muss der, der es jetzt noch aufhält, weggetan werden»* (2.Thess 2,7). Wenn das, was es aufhält, weggetan ist, wird das teuflische Geheimnis enthüllt, nämlich der Antichrist. Ein drittes Geheimnis, das für viele Christen unserer Tage verhüllt ist, ist Israel: *«Ich will euch nicht verhalten, liebe Brüder, dieses Geheimnis, auf dass ihr nicht stolz seid. Blindheit ist Israel zum Teil widerfahren»* (Röm 11,25, Lth.'12). Haben wir dieses Geheimnis erfasst, verstehen wir auch die Geheimnisse der Gemeinde Jesu. Das eine wird in Epheser 5,32 erwähnt: *«Dies Geheimnis ist gross; ich deute es aber auf Christus und die Gemeinde.»* Vom anderen lesen wir in 1.Korinther 15,51-52: *«Siehe, ich sage euch ein Geheimnis: Wir werden nicht alle entschlafen, wir werden aber alle verwandelt werden; und das plötzlich, in einem Augenblick.»* Jedes Geheimnis hat seine eigene zeitliche Offenbarung! Zuerst Jesus: Er hat sich dieser Welt offenbart, danach der Antichrist, der an die Stelle des Herrn Jesus tritt. In unsern Tagen aber wird das Geheimnis Israels enthüllt; und schliesslich wartet die ganze Schöpfung auf die Offenbarung des letzten Geheimnisses, welches die Gemeinde betrifft: *«Denn das ängstliche Harren der Kreatur wartet darauf, dass die Kinder Gottes offenbar werden»* (Röm 8,19).

Der Weg zum Königreich Gottes, zum Tausendjährigen Reich, ist – das dürfen wir nicht ausser Acht lassen – ein mit Tränen benetzter Weg. In Apostelgeschichte 14,22 (Lth.'14) lesen wir, dass Paulus und Barnabas das Folgende taten: *«Sie stärkten die Seelen der Jünger und ermahnten sie, dass sie im Glauben blieben, und dass wir durch viel Trübsale müssen in das Reich Gottes gehen.»* Ja, es ist so, dass die Gemeinde an den Leiden Jesu teilhat, aber diese sind eine notwendige Zubereitung für das herrliche Königreich: *«Darum rühmen wir uns euer unter den Gemeinden Gottes wegen eurer Geduld und eures Glau-*

bens in allen Verfolgungen und Bedrängnissen, die ihr erduldet; ein Anzeichen dafür, dass Gott recht richten wird und ihr gewürdigt werdet des Reiches Gottes, für das ihr auch leidet» (2.Thess 1,4-5).

Die Lage der Völker im Tausendjährigen Reich

«Darum wartet auf mich, spricht der Herr, auf den Tag, an dem ich mich aufmache zur Beute! Denn mein Rechtsspruch ist es, die Nationen zu versammeln, die Königreiche zusammenzubringen, um mein Strafgericht über sie auszugiessen, die ganze Glut meines Zorns, denn durch das Feuer meines Eifers wird die ganze Erde verzehrt werden. Dann aber werde ich den Völkern andere, reine Lippen geben, damit sie alle den Namen des Herrn anrufen und ihm einmütig dienen. Von jenseits der Ströme Kusch werden sie mir meine Anbeter, meine zerstreute Schar, als Opfergabe darbringen» (Zef 3,8-10, r.Elb.).

Eines der wichtigsten Merkmale des Tausendjährigen Reiches ist seine Bedeutung für die Völkerwelt. Wir sahen bereits die Stellung Israels und der Gemeinde Jesu im Tausendjährigen Reich. Die Völker werden nach Matthäus 25,31 durch den Menschensohn gerichtet werden, wenn Er in Seiner Herrlichkeit kommt. Die Völker werden nach dem beurteilt und gerichtet, was sie an Israel, an den

Brüdern Jesu, getan oder nicht getan haben. Was aber wird nachher mit den Völkern geschehen? Zusammenfassend kann man sagen, dass sie die gesegneten Auswirkungen des Werkes Jesu auf Golgatha schmecken werden: *«Alle Völker, die du gemacht hast, werden kommen und vor dir anbeten, Herr, und deinen Namen ehren»* (Ps 86,9).

Wenn wir die Worte aus Zefanja 3,8-10 betend betrachten, sehen wir drei Stufen:

1. Das Gericht über die Völker durch Feuer: *«Durch das Feuer meines Eifers wird die ganze Erde verzehrt werden.»*
2. Die Völker werden durch das Gericht gereinigt: *«Alsdann will ich den Völkern reine Lippen geben»* (V.9, Lth.'14). Damit wird das Fluchen, Lästern, Verleumden und Lügen ein Ende haben.
3. *«Damit sie alle den Namen des Herrn anrufen und ihm einmütig dienen.»*

Der einträchtige Gottesdienst, der nur nach Jerusalem und Golgatha ausgerichtet ist, wird eine herrliche Realität sein: *«Von jenseits der Ströme Kusch werden sie mir meine Anbeter, meine zerstreute Schar, als Opfergabe darbringen.»* Genau dieselben Aussagen macht der grosse Königsprophet Jesaja: *«Da sprach ich: Weh mir, ich vergehe! Denn ich bin unreiner Lippen und wohne unter einem Volk von unreinen Lippen; denn ich habe den König, den Herrn Zebaoth, gesehen mit meinen Augen»* (Jes 6,5). So wird es auch den Völkern ergehen. Noch bevor das Gericht ausgesprochen wird, sind sie schon gerichtet, nämlich dann,

wenn Er in grosser Kraft und Herrlichkeit erscheinen wird. Hierauf folgt die Reinigung durch Gericht: *«Da flog einer der Serafim zu mir und hatte eine glühende Kohle in der Hand, die er mit der Zange vom Altar nahm, und rührte meinen Mund an und sprach: Siehe, hiermit sind deine Lippen berührt, dass deine Schuld von dir genommen werde und deine Sünde gesühnt sei»* (Jes 6,6-7). Dann hört Jesaja die Stimme des Herrn: *«Und ich hörte die Stimme des Herrn, wie er sprach: Wen soll ich senden? Wer will unser Bote sein? Ich aber sprach: Hier bin ich, sende mich!»* (Jes 6,8). Wahre Anbetung besteht in der Hingabe zum Dienst des Herrn. Wenn wir als Kinder Gottes innerlich richtig stehen, sind auf Grund des Geschehens von Golgatha in unserem Leben dieselben Stufen vorhanden:
– Wir sind gerichtet, weil wir im Geist die Heiligkeit Gottes geschaut haben.
– Wir sind durch Sein vergossenes, kostbares Blut mit einer «feurigen Kohle vom Altar» gereinigt und durchgerichtet durch das Gericht, das über Ihn ergangen ist.
– Kraft dieser Tatsachen vermögen wir Ihm mit gereinigten Lippen einträchtig zu dienen, was das Ziel der Anbetung Gottes ist.

Genau das wird mit den Völkern im Millennium, im Tausendjährigen Reich, geschehen.

Dass die Völker dann so sehr gesegnet sein werden, hat drei Ursachen:
1. Satan ist zu jener Zeit gebunden, so dass seine giftigen Einflüsse ausgeschaltet sind. Epheser 6,12 wird die Völker

nicht mehr treffen, denn sie werden nicht mehr mit Fleisch und Blut zu kämpfen haben, auch nicht mit den Fürsten und Gewaltigen und den bösen Geistern unter dem Himmel. Die Quelle der Bosheit, durch die die Völker von aussen her beeinflusst und aufgehetzt wurden, ist dann versiegt, so dass die Anfechtungen des Feindes ausbleiben werden.
2. Diese weitere Ursache des grossen Segens ist weitaus bedeutender und herrlicher. Jesus Christus wird dann Herrscher und König sein, und die ganze Völkerwelt wird unter Seinem segensreichen Einfluss stehen, so dass Sein Friede sich auch auf die Tierwelt ausbreitet: *«Wolf und Schaf sollen beieinander weiden; der Löwe wird Stroh fressen wie das Rind, aber die Schlange muss Erde fressen. Sie werden weder Bosheit noch Schaden tun auf meinem ganzen heiligen Berge, spricht der Herr»* (Jes 65,25). Dass die ganze Welt von der Herrlichkeit des Herrn durchdrungen sein wird, geht aus Habakuk 2,14 hervor: *«Denn die Erde wird voll werden von Erkenntnis der Ehre des Herrn, wie Wasser das Meer bedeckt.»* Diese unermessliche Herrlichkeit des Herrn, von der die ganze Erde erfüllt sein wird, hat auch für die Menschen wunderbare Konsequenzen: Krankheiten werden zu einer Seltenheit und die Leute werden älter. Wenn einer mit hundert Jahren stirbt, wird er noch als Knabe gelten, vergleiche Jesaja 65,20. Die grossen chemischen Konzerne, die Medikamente und Schmerztabletten herstellen, werden demnach auf eine andere Produktion umstellen müssen. Eine weitere Konsequenz der göttlichen Herrschaft ist die vollkommene Beseitigung

des Krieges: *«Und er wird richten unter den Heiden und zurechtweisen viele Völker»* (Jes 2,4). Das bedeutet, dass kein Krieg mehr geführt wird, weil Jesus Christus richtet und schlichtet. Aus demselben Vers ersehen wir auch, dass die gesamte Waffenindustrie auf Produkte des Friedens umstellen wird: *«Da werden sie ihre Schwerter zu Pflugscharen und ihre Spiesse zu Sicheln machen»* (Jes 2,4).
3. Daraus ergibt sich, dass nirgends mehr auf der Welt eine militärische Ausbildungsstätte zu finden sein wird. Dies sagt uns auch der letzte Satz von Jesaja 2,4: *«Sie werden hinfort nicht mehr lernen, Krieg zu führen.»* Die noch vorhandenen Rüstungen und Uniformen werden sogar vernichtet werden: *«Denn jeder Stiefel, der mit Gedröhn dahergeht, und jeder Mantel, durch Blut geschleift, wird verbrannt und vom Feuer verzehrt»* (Jes 9,4).

Die Ursache dieser gesegneten Lage ist Israel. Denn es erfährt die Erfüllung des Wortes aus Römer 11,26-27: *«Und so wird ganz Israel gerettet werden, wie geschrieben steht: ‹Es wird kommen aus Zion der Erlöser, der abwenden wird alle Gottlosigkeit von Jakob. Und dies ist mein Bund mit ihnen, wenn ich ihre Sünden wegnehmen werde.›»* Lesen wir noch einmal aufmerksam Jesaja 2,2-3: *«...alle Heiden werden herzulaufen, und viele Völker werden hingehen und sagen: Kommt, lasst uns auf den Berg des Herrn gehen, zum Hause des Gottes Jakobs, dass er uns lehre seine Wege und wir wandeln auf seinen Steigen!»* Das Gericht über Israel und dessen Bekehrung veranlassen die Völker, nach Jerusalem zu gehen, um dort die Wege des Herrn zu lernen. Jerusalem wird dann zu einer internationalen Bibelschule, die von jedem «Denominationsgeist» frei sein wird. Das ist die erste Folge. Die zweite Folge wird sein, dass durch diese gigantische Bibelschule, die für alle Völker offen ist, eine weltweite Evangelisationsbewegung von Israel ausgeht: *«Denn von Zion wird Weisung ausgehen und des Herrn Wort von Jerusalem»* (Jes 2,3).

Bei uns geht es in umgekehrter Reihenfolge: Zuerst werden die Menschen evangelisiert, und wenn sie für den Herrn gewonnen sind, können sie in eine Bibelschule eintreten. Die Bekehrung der ganzen Nation Israel und die Gegenwart des Herrn Jesu Christi mit seiner verherrlichten Gemeinde wird eine so gewaltige Wirkung haben, dass die Heiden wie durch einen Magneten nach Jerusalem gezogen werden, um zu lernen. Damit beginnt die Evangelisation. Da taucht aber eine Frage auf: Ist es denn im Tausendjährigen Reich noch nötig zu evangelisieren? Ja! Satan ist dann zwar gebunden, aber die Sünde wohnt noch immer in jedem Menschen.

Im Tausendjährigen Reich wird das Verhältnis der Welt zu Jesus Christus ganz anders sein als in unserem jetzigen Zeitalter. Während die wahren Kinder Gottes jetzt in dieser Welt als Fremdlinge geduldet sind, werden im Tausendjährigen Reich die Feinde Jesu geduldet sein, doch nur, wenn sie sich Seiner Königsherrschaft unterwerfen (Ps 18,44-46). Dass diese Unterwerfung zum Teil nur Heuchelei ist, geht aus verschiedenen Bibelstellen hervor, so zum Beispiel aus Psalm 66,3: *«Sprechet zu Gott: Wie furchtbar sind deine Werke! Wegen der Grösse deiner Stärke unterwerfen sich dir deine Feinde mit Schmeichelei»* (Elb.). Wir dürfen nicht vergessen, dass die Sünde im Tausendjährigen Reich viel sündiger sein wird, weil der Versucher abwesend ist. Ein Mensch, der unter dem gesegneten Einfluss des Herrn Jesu ist und Ihm dennoch widersteht, ist schuldiger als je zuvor. Die Schrift sagt uns auch, dass die Sünder im Tausendjährigen Reich hundert Jahre alt verflucht werden sollen (Jes 65,20, Schl.). Wir stellen also fest, dass es im Tausendjährigen Reich noch Sünde gibt, aber die Gnade wird unendlich viel mächtiger sein. Im Tausendjährigen Reich besteht die ganze Nation Israel aus Missionaren. Dann wird es nicht mehr so sein, dass der Einzelne auf den Missionsfeldern nur mühsam erreicht wird, denn dann wird sich das Wort des Herrn erfüllen: *«Und es wird gepredigt werden dies Evangelium vom Reich in der ganzen Welt zum Zeugnis für alle Völker, und dann wird das Ende kommen»* (Mt 24,14). Dann wird sich auch die Verheissung Gottes an Abraham buchstäblich erfüllen: *«Durch dein Geschlecht sollen alle Völker auf Erden gesegnet werden»* (1.Mo 22,18). Von dieser weltweiten Erweckung wird uns auch gesagt: *«Und die Fremden, die sich dem Herrn zugewandt haben, ihm zu dienen und seinen Namen zu lieben, damit sie seine Knechte seien, alle, die den Sabbat halten, dass sie ihn nicht entheiligen, und die an meinem Bund festhalten, die will ich zu meinem heiligen Berge bringen und will sie erfreuen in meinem Bethaus, und ihre Brandopfer und Schlachtopfer sollen mir wohlgefällig sein auf meinem Altar; denn mein Haus wird ein Bethaus heissen für alle Völker»* (Jes 56,6-7). Der Tempel in Jerusalem wird für alle Völker der Mittelpunkt sein, denn dort werden sie den Herrn anbeten. Schon 1950 sagte der damalige Ministerpräsident Israels, Ben Gurion: «Jerusalem ist nicht nur die Hauptstadt Israels und des Weltjudentums, es soll nach dem Wort der Propheten auch die geistliche Hauptstadt für die ganze Welt werden.» Seit diesem Ausspruch Ben Gurions sind schon viele Jahre vergangen, und wir nähern uns immer mehr der Erfüllung dieses prophetischen Wortes. Die erste Frucht der israelischen Weltevangelisation wird eine Herzensverwandlung innerhalb der Nationen sein: *«. . . zu jener Zeit wird man Jerusalem nennen ‹des Herrn Thron›, und es werden sich dahin sammeln alle Heiden um des Namens des Herrn willen zu Jerusalem, und sie werden nicht mehr wandeln nach ihrem verstockten und bösen Herzen»* (Jer 3,17). Achten wir darauf: Es ist hier nicht etwa eine christliche Mission am Werk, die unter Juden arbeitet, sondern die Mission des Christus geht von den Juden aus! Wie gross der Aktionsradius dieser Evangelisationsbewegung Israels unter den Völkern sein wird, beschreibt uns die Schrift wie folgt: *«Denn vom Aufgang der Sonne bis zum Niedergang ist mein Name herrlich unter den Heiden, und an allen Orten wird meinem Namen geopfert und ein reines Opfer dargebracht; denn mein Name ist herrlich unter den Heiden, spricht der Herr Zebaoth»* (Mal 1,11).

Wahrhaftig, Israels Bekehrung wird für die Völkerwelt das sein, was Paulus vorausgesagt hat: *«Denn wenn ihre Verwerfung die Versöhnung der Welt ist, was wird ihre Annahme anderes sein als Leben aus den Toten!»* (Röm 11,15). Israel, das jahrhundertelang zertreten, verachtet und verhöhnt war, wird die herrlichste Nation der Welt sein und zum Haupt aller Völker gemacht werden (5.Mo 28,13).

Einst genügte die Bekehrung eines einzigen Israeliten, des Paulus von Tarsus, um das Weltreich Rom zu erschüttern; wie viel stärker wird dann die Wirkung sein, wenn sich Israel als ganzes Volk zum Herrn hinwendet! Seine Bekehrung geht auf dieselbe Weise vor sich wie bei Saulus von Tarsus, nämlich durch die Erscheinung Jesu Christi. Israel wird die Macht des Königs aller Könige, des Herrn Jesus Christus, auf Erden ausüben. Die ganze Engelwelt freut sich über einen Sünder, der Busse tut, aber die Freude der Völker über die Anwesenheit des Herrn Jesus und über Sein Regiment mit Seiner Gemeinde durch Israel wird unbeschreiblich sein. Von dieser Freude können wir etwas erahnen, wenn wir zum Beispiel Psalm 96,10-13 lesen: *«Sagt unter den Heiden: Der Herr ist König. Er hat den Erdkreis gegründet, dass er nicht wankt. Er richtet die Völker recht. Der Himmel freue sich, und die Erde sei fröhlich, das Meer brause und was darinnen ist; das Feld sei fröhlich und alles, was darauf ist; es sollen jauchzen alle Bäume im Walde vor dem Herrn; denn er kommt, denn er kommt, zu richten das Erdreich. Er wird den Erdkreis richten mit Gerechtigkeit und die Völker mit seiner Wahrheit.»* Diese herrliche Aussage der Schrift wurde seit Jahrhunderten verchristlicht. Sie ist aber, mit vielen anderen Bibelstellen, ein prophetischer Hinweis auf das Millennium, das Tausendjährige Friedensreich. Lasst uns bedenken, dass auch die Schöpfung sechstausend Jahre lang unter der Herrschaft des Fürsten dieser Welt seufzt: *«Denn die gespannte Erwartung der Kreatur sehnt die Offenbarung der Kinder Gottes herbei»* (Röm 8,19, Schl.).

Auf die Frage, welche Völker von dieser übermächtigen Heilsfreude erfasst werden, gibt uns das Wort des Herrn ebenfalls die Antwort, nämlich: *«Also werden die Letzten die Ersten ... sein»* (Mt 20,16, Lth.'12). Wenn wir in Zefanja 3,10 lesen: *«Von jenseits der Ströme von Kusch werden meine Anbeter, mein zerstreutes Volk, mir Geschenke bringen»,* dann denken wir an die Millionen von Menschen in Asien, Afrika, Südamerika usw., die keine Gotteserkenntnis haben, von Jesus Christus nichts wissen und auch Israel nicht kennen. Dass diese erreicht werden sollen, geht aus der Schriftstelle hervor: *«Und ich will ein Zeichen unter ihnen aufrichten und einige von ihnen, die errettet sind, zu den Völkern senden, nach Tarsis, nach Put und Lud, nach Meschech und Rosch, nach Tubal und Jawan und zu den fernen Inseln, wo man nichts von mir gehört hat und die meine Herrlichkeit nicht gesehen haben; und sie sollen meine Herrlichkeit unter den Völkern verkündigen. Und sie werden alle eure Brüder aus allen Völkern herbringen dem Herrn zum Weihgeschenk»* (Jes

66,19-20). Nach meiner Erkenntnis werden jene Völker eingeladen, die trotz Entwicklungshilfe nichts von Gott dem Herrn, auch nichts von Seinem Sohn Jesus und nichts von Israel gehört haben. Diese werden die Verheissung erlangen: *«Und es wird geschehen zu der Zeit, dass das Reis aus der Wurzel Isais* (das ist Jesus) *dasteht als Zeichen für die Völker. Nach ihm werden die Heiden fragen, und die Stätte, da er wohnt, wird herrlich sein»* (Jes 11,10).

Für die politische Lage der Völker wird das folgende Konsequenz haben: *«Zu der Zeit wird eine Strasse sein von Ägypten nach Assyrien, dass die Assyrer nach Ägypten und die Ägypter nach Assyrien kommen und die Ägypter samt den Assyrern Gott dienen. Zu der Zeit wird Israel der dritte sein mit den Ägyptern und Assyrern, ein Segen mitten auf Erden; denn der Herr Zebaoth wird sie segnen und sprechen: Gesegnet bist du, Ägypten, mein Volk, und du, Assur, meiner Hände Werk, und du, Israel, mein Erbe!»* (Jes 19,23-25). Das ist ein geheimnisvolles Wort, denn in Anbetracht des tief verwurzelten Hasses der Ägypter und Syrer gegen Israel können wir uns ein solches Bündnis kaum vorstellen. Denken wir jedoch daran, was Gott Abraham verheissen hat: *«An dem Tage schloss der Herr einen Bund mit Abram und sprach: Deinen Nachkommen will ich dies Land geben, von dem Strom Ägyptens an bis an den grossen Strom Euphrat»* (1.Mo 15,18). Israel wird nicht mehr der schmale Streifen Land zwischen dem Jordan und dem Mittelmeer sein, denn Gott wird Seine

Verheissung im Tausendjährigen Reich auf wunderbare Weise verwirklichen. Israel hält jetzt schon an dieser Verheissung fest, aber die arabischen Länder und die übrige Welt wollen noch nichts wissen. Heute können wir bereits die Erfüllung der Zusage Gottes in Jesaja 19,1-3 feststellen: *«Dies ist die Last für Ägypten: Siehe, der Herr wird auf einer schnellen Wolke fahren und über Ägypten kommen. Da werden die Götzen Ägyptens vor ihm beben, und den Ägyptern wird das Herz feige werden in ihrem Leibe. Und ich will die Ägypter gegeneinander hetzen, dass ein Bruder wider den andern, ein Freund wider den andern, eine Stadt wider die andre, ein Reich wider das andre kämpfen wird. Und der Mut soll den Ägyptern in ihrem Herzen vergehen, und ich will ihre Anschläge zunichte machen.»* Weiter wird uns über die Zukunft Ägyptens gesagt: *«Aber ich will die Ägypter übergeben in die Hand eines grausamen Herrn, und ein harter König soll über sie herrschen, spricht der Herrscher, der Herr Zebaoth»* (Jes 19,4). Auch das, was wir in den anschliessenden Versen 5 und 6 lesen, sehen wir bereits herannahen: *«Und das Wasser im Nil wird vertrocknen, und der Strom wird versiegen und verschwinden. Und die Wasser werden stinkend werden, und die Flüsse Ägyptens werden seicht und trocken werden, dass Rohr und Schilf verwelken.»* Aber nicht nur das! Ägypten wird sich nämlich unter den wuchtigen Schlägen des Antichristen bekehren: *«Und der Herr wird die Ägypter schlagen und heilen; und sie werden sich bekehren zum Herrn, und er wird sich erbitten lassen und sie heilen»* (Jes 19,22). Dann wird Ägypten vielleicht manche der verlorenen zehn Stämme Israels hervorbringen: *«Zu der Zeit werden fünf Städte in Ägyptenland die Sprache Kanaans sprechen und bei dem Herrn Zebaoth schwören. Eine wird heissen Ir-Heres»* (Jes 19,18). «Ir-Heres» heisst «Sonnenstadt». Beginnt damit nicht ein Licht von oben her auf die verborgenen zehn Stämme zu scheinen? An anderer Stelle sagt der Prophet Jesaja über dieses Völkerbündnis: *«Und der Herr wird zu der Zeit zum zweiten Mal seine Hand ausstrecken, dass er den Rest seines Volks loskaufe, der übriggeblieben ist in Assur, Ägypten...»* (Jes 11,11). Die Bedeutung dieses Dreierbündnisses für die übrige Völkerwelt geht aus Kapitel 19 des Propheten Jesaja hervor: *«Zu der Zeit wird Israel der dritte sein mit den Ägyptern und Assyrern, ein Segen mitten auf Erden; denn der Herr Zebaoth wird sie segnen und sprechen: Gesegnet bist du, Ägypten, mein Volk, und du, Assur, meiner Hände Werk, und du, Israel, mein Erbe!»* (Jes 19,24-25).

Sechs Merkmale, die das Völkergeschehen kennzeichnen, sind für den Gläubigen unserer Zeit ebenfalls entscheidend.

1. Gericht. Gott wird die Völker mit Gerechtigkeit richten. Kinder Gottes gehen durch das Gericht von Golgatha, sie sind mitgekreuzigt und sollen auch mit Jesus verherrlicht werden.

2. Reinigung. Jesaja wurde mit einer feurigen Kohle vom Altar gereinigt. So werden auch die Völker gereinigt und reine Lippen haben. Kinder Gottes sind gereinigt durch das kostbare Blut Jesu, das Er ausgeschüttet hat, als Er an unserer Statt gerichtet wurde.

3. Hunger nach dem Worte Gottes. Alle Heiden werden nach Jerusalem ziehen und sagen: *«Kommt ... zum Hause des Gottes Jakobs, dass er uns lehre seine Wege ...»* (Jes 2,3). Wer durch das Blut Jesu eine tiefe Reinigung erfahren hat, hat auch ein entsprechendes Verlangen nach dem Worte Gottes.

4. Anbetung und Hingabe. Die Völker werden den Herrn zu Jerusalem anbeten. Kein Mensch, der in seinem Leben die Herrlichkeit des Lammes erlebt hat, entbehrt den Geist der Anbetung Gottes.

5. Vereinigung Israels mit seinen Brüdern. Die Syrer und Ägypter sind Israels Verwandte, und aus diesen Ländern werden wohl zum Teil auch die zehn «verlorenen» Stämme hervorkommen. Wir sind als Brüder und Schwestern in dem Herrn eins. In dem Masse, wie wir durch das Gericht gehen, uns reinigen lassen und verlangend sind nach dem Worte Gottes, werden wir den Geist der Anbetung haben (1.Joh 1,7).

6. Israel wird mit seinen Brüdern auf Erden ein Segen sein. So ist es auch mit uns, mit dir und mit mir. Du bist nur in dem Masse ein Segen für deine Umgebung, deine Stadt, dein Land, ja für die Welt, wie du Jesus begegnet bist.

Betrachten wir zusammenfassend noch einmal die drei Menschengruppen, die am Tausendjährigen Reich teilhaben werden:

– *Die Gemeinde Jesu.* Sie befindet sich im Allerheiligsten, im Himmel. Sie hat an der Königsherrschaft Jesu Christi teil. Wir werden Könige und Priester sein.
– *Israel.* Es ist Gottes Heiligtum auf Erden. Es ist Gottes ausübende Gerichtsbarkeit und der Verkündiger des Heils.
– *Die Völker.* Diese werden im Vorhof sein und Gott den Herrn anbeten wie einst die zwölf Stämme Israels.

Lasst uns noch einmal wiederholen, was die Konsequenz für uns ist, die wir im Tausendjährigen Reich im Allerheiligsten sein sollen: Es ist entscheidend wichtig, dass wir jetzt schon im Allerheiligsten leben! Das ist der Wille Gottes, und Er ladet uns dazu ein: *«Weil wir denn nun, liebe Brüder, durch das Blut Jesu die Freiheit haben zum Eingang in das Heiligtum . . . so lasst uns hinzutreten mit wahrhaftigem Herzen»* (Hebr 10,19.22).

Was geschieht nach dem Tausendjährigen Reich?

«Und wenn die tausend Jahre vollendet sind, wird der Satan losgelassen werden aus seinem Gefängnis und wird ausziehen, zu verführen die Völker an den vier Enden der Erde, Gog und Magog, und sie zum Kampf zu versammeln; deren Zahl ist wie der Sand am Meer. Und sie stiegen herauf auf die Ebene der Erde und umringten das Heerlager der Heiligen und die geliebte Stadt. Und es fiel Feuer vom Himmel und verzehrte sie» (Offb 20,7-9).

Hier sehen wir einen erschütternd ernsten Abschnitt der Heilsgeschichte: das Ende des Sabbatjahrtausends. Da drängt sich uns die grosse Frage auf: Warum ist das wunderbare Friedensreich nur von vorübergehender Dauer? Darauf möchte ich antworten: Es ist nicht vorübergehend, sondern ewig. Das Königreich Gottes auf der alten Erde dauert zwar nur eine begrenzte Zeit von tausend Jahren, aber es wird durch ein Intermezzo in die Ewigkeit übergehen. Zahlen haben in der Bibel meistens mit Raum und Zeit zu tun. Es wird uns auch gesagt: *«Wenn tausend*

Jahre vollendet sind» (Offb 20,7). Bei der Erfüllung der tausend Jahre wird eine «Demonstration Gottes» vollendet sein, aus der hervorgeht, was Gott unter Gerechtigkeit und Friede versteht, und zwar auf allen Gebieten, wie Politik, Wirtschaft usw. Wie herrlich wird diese Zeitdauer von tausend Jahren sein, wenn Gott selbst sich mit diesem irdischen Reich verbindet und Jesus Christus als König herrschen wird!

Das Tausendjährige Reich beginnt nach Vollendung des Gnadenzeitalters. Gott der Herr tut alles fein zu Seiner Zeit! Er hat den Menschen eine Zeit von sechstausend Jahren gegeben, um sich die Erde untertan und von Seinem Königsrecht Gebrauch zu machen. Diese Zeit zerfällt, wie wir bereits am Anfang erwähnten, in drei Abschnitte: Zweitausend Jahre ohne das Gesetz – zweitausend Jahre unter dem Gesetz – zweitausend Jahre unter der Gnade. Zum Abschnitt «ohne Gesetz» könnte man sagen: Tu es nicht, so wirst du leben, das heisst, sündige nicht, damit du nicht stirbst. Zum Zeitabschnitt «unter dem Gesetz»: Tu es, so wirst du leben. Mit andern Worten: Halte die Gebote Gottes. Dann aber kehrte Gott durch die Dahingabe Seines Sohnes Jesus alles um, so dass wir über die zweitausend Jahre «unter der Gnade» sagen können: Lebe, so wirst du es tun – durch Golgatha. Gottes Absicht für unser jetziges Zeitalter wird in der Apostelgeschichte klar umrissen: *«Wie Gott zum ersten Mal die Heiden gnädig heimgesucht hat, um aus ihnen ein Volk für seinen Namen zu gewinnen»* (Apg 15,14). Für den anschliessenden Zeitabschnitt hat

Gott das Folgende vorgesehen: «‹*Danach will ich mich wieder zu ihnen wenden und will die zerfallene Hütte Davids wieder bauen, und ihre Trümmer will ich wieder aufbauen und will sie aufrichten*›» (Apg 15,16). Zu welchem Zweck wird Er das tun? Die Antwort lautet: «‹*Damit die Menschen, die übriggeblieben sind, nach dem Herrn fragen, dazu alle Heiden, über die mein Name genannt ist, spricht der Herr*›» (Apg 15,17). Wir dürfen nie denken, dass Gott etwas Unbewusstes tut, denn: «*Gott sind alle seine Werke bewusst von der Welt her*» (Apg 15,18, Lth.'12). Er zählt die Sterne und nennt sie alle mit Namen. Er zählt auch deine Tage und Jahre, bis dass sie vollendet sind, und Er zählt deine Tränen, bis ihrer genug sind.

So wird auch das Tausendjährige Reich in der Heilsgeschichte ein ganz besonderer, zeitlich begrenzter Abschnitt sein. In unserer Zeit ist Satan noch nicht gebunden, sondern in seinem unbändigen Zerstörungstrieb sehr aktiv. Während der tausend Jahre aber ist es ihm und seinen Dienern verwehrt, in die Welt zu kommen und Menschen zu verführen. Er ist dann gebunden und wird im Abgrund verwahrt. Das wird uns in Offenbarung ausführlich geschildert: «*Und er ergriff den Drachen, die alte Schlange, das ist der Teufel und der Satan, und fesselte ihn für tausend Jahre, und warf ihn in den Abgrund und verschloss ihn und setzte ein Siegel oben darauf, damit er die Völker nicht mehr verführen sollte, bis vollendet würden die tausend Jahre*» (Offb 20,2-3). Heute können wir nur an Christi statt die Menschen anflehen, sich mit Gott versöhnen zu lassen und dem Herrn mit Furcht zu dienen und sich mit Zittern zu freuen (Ps 2,11). Zu jener Zeit aber werden die Menschen gezwungen sein, die Befehle, die ihnen gegeben werden, zu befolgen, denn Jesus übt dann Seine Herrschaft aus.

Im Tausendjährigen Reich haben die Völker nur eine Möglichkeit: dem unsterblichen Priester-König zu gehorchen. Gott selbst wird durch Jesus Christus tausend Jahre lang den Unterschied zwischen der Regierung des Sohnes Gottes und der Diktatur Satans manifestieren. In Jesus haben wir ewiges Leben, unter Satan Tod und Vernichtung. Das können wir jetzt schon in unserem eigenen Leben erfahren. Die Herrschaft Jesu Christi ist eine gesegnete. Er selbst spricht: *«Mein Joch ist sanft, und meine Last ist leicht»* (Mt 11,30). Die Herrschaft Satans hingegen ist grausam.

Die gesegnete Friedensherrschaft des Herrn wird scheinbar abrupt abgebrochen: *«Und wenn die tausend Jahre vollendet sind, wird der Satan losgelassen werden aus seinem Gefängnis und wird ausziehen, zu verführen die Völker an den vier Enden der Erde, Gog und Magog, und sie zum Kampf zu versammeln; deren Zahl ist wie der Sand am Meer»* (Offb 20,7-8). Warum geschieht dies? Es liegt ein göttliches «Muss» dahinter. Dadurch, dass Satan für eine kleine Zeit losgebunden wird, wird erwiesen, dass er sich während seiner tausendjährigen Gefangenschaft nicht geändert hat und diese Frist der Züchtigung vergeblich war. Weiter wird zu diesem Zeitpunkt bewiesen, dass ein

Grossteil der Völker trotz der gewaltigen äusseren Segnungen, die sie während der tausend Jahre empfangen haben, sich innerlich nicht erneuern liessen. Am Ende des Tausendjährigen Reiches wird also offenbar, dass Satan derselbe geblieben ist, und dass sich auch der Mensch in seinem Wesen nicht verändert hat, trotz der tausendjährigen Gefangenschaft des einen und der tausend Jahre langen paradiesischen Verhältnisse des andern. Hier staunen wir über Gottes grosse Geduld, sowohl im Züchtigen wie auch im Segnen. Durch die Propheten vernehmen wir jedoch Sein Klagen: *«Wohin soll man euch noch schlagen, die ihr doch weiter im Abfall verharrt? Das ganze Haupt ist krank, das ganze Herz ist matt»* (Jes 1,5). Oder: *«Ich habe dich zum Prüfer gesetzt für mein Volk, dass du seinen Wandel erkennen und prüfen sollst. Sie sind ganz und gar abtrünnig und wandeln verleumderisch; Erz und Eisen sind sie; alle bringen sie Verderben. Der Blasebalg schnaubte, das Blei wurde flüssig vom Feuer; aber das Schmelzen war umsonst, denn die Bösen sind nicht ausgeschieden»* (Jer 6,27-29). Das ist die erschütternd ernste Situation am Ende des Tausendjährigen Reiches; aber schon in unseren Tagen müssen wir die gleiche schreckliche Feststellung machen: Die Menschen lassen sich weder durch Gottes Güte noch durch Seine Gerichte zur Busse führen. Nach dem Tausendjährigen Reich, wenn Satan wieder los ist, geht er aus gegen Gog und Magog (= Sammelname für die Völker, die dann für den satanischen Geist der Rebellion empfänglich sind): *«. . . und wird ausziehen, zu verführen die Völker an den vier Enden der Erde, Gog und Magog, und sie zum Kampf zu versammeln; deren Zahl ist wie der Sand am Meer. Und sie stiegen herauf auf die Ebene der Erde und umringten das Heerlager der Heiligen und die geliebte Stadt»* (Offb 20,8-9). Es ist nicht mehr wie vor dem Tausendjährigen Reich, als Satan seine Untertanen ausschickte, um die Könige der Erde zu verführen. Im Tausendjährigen Reich gibt es ausser dem Einen, Jesus Christus, keine Könige mehr. Merkwürdigerweise geht Satan bis an die vier äussersten Enden der Erde. Er richtet seine heillosen Schritte also zu den Völkern, die am weitesten entfernt sind und in unbekannten Teilen der Erde wohnen. Diese Wege muss er gehen, denn in der geliebten Stadt bei den Heiligen hat er ja nichts mehr zu suchen, weil sie mit und in ihrem König Jesus Christus zusammenhalten. Es besteht eine offensichtliche Parallele: Satan wagte seinen ersten Versuch zur Verführung im Paradies mit dem schwächsten und nachgiebigsten Gefäss – mit einer Frau. Dieselbe Methode wendet er auch bei seinem letzten Versuch an, indem er sich an weit entfernte Heiden wendet, an Völker, die während des Tausendjährigen Reiches von der Erkenntnis Gottes nur beiläufig berührt wurden. Diese werden für Satans Einflüsterungen empfänglich und willige Werkzeuge in seiner Hand sein. Daraus ziehen wir für unser eigenes Leben eine ernste Lehre: Je weniger Erkenntnis vom Wesen Gottes und des Lammes wir haben, desto empfänglicher sind wir für die satanische Verführung, für den Geist der Auflehnung wider Gott und das Lamm. Wehe dem, der heute durch Gebetslosigkeit vom Heiligtum entfernt lebt, denn der Feind ist auch in unserer Zeit sehr aktiv. Er geht umher und läutet auch an deiner Tür und versucht, dich mit süsser Rede zur Empörung zu bewegen. Darum lasst uns wachen und beten!

Wie ist es möglich, dass der Feind es fertig bringt, aus Menschen, die während tausend Jahren die gesegnete Herrschaft Christi erfahren haben, Gegner Gottes zu machen? Ich glaube aus dem einen Grunde: Wenn Menschen im alten Wesen verharren, entfernen sie sich von der Heiligen Stadt. Das heisst praktisch: Sie werden von den Segnungen des Lammes nur äusserlich berührt, weil sie dem Lamm nicht nachfolgen, und deshalb bleiben sie innerlich dieselben. Das gilt auch für uns heute. Deshalb ist das, was nach dem Tausendjährigen Reich geschehen wird, für uns alle eine sehr eindringliche Warnung. Das Ergebnis dieser letzten göttlichen Abklärung beweist, wie notwendig sie ist. Dadurch wird nämlich das Ausmass der Heuchelei offenbar, denn sonst würden all jene Völker weiter heucheln. Aber durch die satanische Versuchung stellt sich heraus, wer hinter seinem frommen Schein ein Empörerherz verbirgt. Auch hier sehen wir eine klare Parallele, indem der Teufel in unseren Tagen dieselben Verführungsmethoden anwendet wie dann unmittelbar nach dem Tausendjährigen Reich. Das Ende des Tausendjährigen Reiches ist nichts anderes als der Anfang des ewigen Reiches. So stehen wir als Gemeinde Jesu auf der

Grenze von Zeit und Ewigkeit. Der Anfang unserer ewigen Existenz ist hier in dieser Zeit.

Wenn wir das furchtbare Ende der empörten Völker betrachten, ist es geradezu auffallend, wie schnell und gründlich mit den Widersachern abgerechnet wird. Das ist in der Schrift mit zwölf Wörtern beschrieben: *«. . . und es fiel Feuer von Gott aus dem Himmel und verzehrte sie»* (Offb 20,9, Lth.'12). Hier prallt das Allerunheiligste mit dem Allerheiligsten zusammen. Das Heerlager der Heiligen wird umringt, aber die unsterblichen Heiligen befassen sich keinen Augenblick mit dem Feind, denn in ihrer Mitte ist der König aller Könige, und es gilt Sein Wort: *«Wer euch antastet, der tastet meinen Augapfel an»* (Sach 2,12). Darum haben sie trotz der unmittelbaren Nähe des Feindes nichts zu fürchten, sie brauchen auch nicht zu streiten, denn: *«Der Herr wird für euch streiten, und ihr werdet stille sein»* (2.Mo 14,14).

Schon die Kinder Korah haben das Ende des Tausendjährigen Reiches vorausgesehen und weissagten von dieser wunderbaren Sicherheit: *«Gott ist unsre Zuversicht und Stärke, eine Hilfe in den grossen Nöten, die uns getroffen haben. Darum fürchten wir uns nicht, wenngleich die Welt unterginge und die Berge mitten ins Meer sänken, wenngleich das Meer wütete und wallte und von seinem Ungestüm die Berge einfielen. Dennoch soll die Stadt Gottes fein lustig bleiben mit ihren Brünnlein, da die heiligen Wohnungen des Höchsten sind. Gott ist bei ihr drinnen, darum wird sie fest bleiben; Gott hilft ihr früh am*

Morgen. Die Heiden müssen verzagen und die Königreiche fallen, das Erdreich muss vergehen, wenn er sich hören lässt. Der Herr Zebaoth ist mit uns, der Gott Jakobs ist unser Schutz» (Ps 46,2-8). *«Gott ist bei ihr drinnen.»* Lass dir deshalb deine kostbare Nervenkraft nicht mehr vom drohenden Feind absorbieren, denn dein «Heerlager» ist unantastbar, wenn du in Jesus bist! *«Der Name des Herrn ist eine feste Burg; der Gerechte läuft dorthin und wird beschirmt»* (Spr 18,10).

Die satanische Dreieinigkeit wird nach Offenbarung 20,10 ein erschütterndes Ende haben: *«Und der Teufel, der sie verführte, wurde geworfen in den Pfuhl von Feuer und Schwefel, wo auch das Tier und der falsche Prophet waren; und sie werden gequält werden Tag und Nacht, von Ewigkeit zu Ewigkeit.»* Damit beginnt das letzte, das Jüngste Gericht vor dem grossen weissen Thron. Im Geist sehen wir mit Johannes diese letzte Abrechnung: *«Und ich sah einen grossen, weissen Thron und den, der darauf sass»* (Offb 20,11). Es ist wichtig, dass wir die drei Gerichtsthrone am Ende der Zeiten gut unterscheiden, denn vor dem Jüngsten Gericht gibt es noch zwei Gerichtsthrone.

Der erste Thron ist der *Preisrichterthron* für die Gemeinde Jesu, denn nach der Entrückung müssen wir alle, ohne Ausnahme, vor dem Angesichte Jesu erscheinen: *«Denn wir müssen alle offenbar werden vor dem Richterstuhl Christi* (sinngemäss auch Preisrichterthron Christi genannt), *damit jeder seinen Lohn empfange für das, was er getan hat bei Lebzeiten, es sei gut oder böse»* (2.Kor 5,10). Wie ernst dieses Preisgericht ist, geht aus dem nächsten Vers hervor: *«In diesem Bewusstsein nun, dass der Herr zu fürchten sei, suchen wir Menschen zu gewinnen»* (2.Kor 5,11, Schl.). Eine andere Übersetzung sagt: *«Wie ihr denn wisst den Schrecken des Herrn, bewegt die Leute zum Glauben.»* Bei diesem Gericht geht es nicht um die Frage des Verlorengehens – denn wahre Glieder der Gemeinde Jesu sind gerettet –, sondern um das Erbe beziehungsweise den Lohn, den die Kinder Gottes empfangen oder nicht empfangen werden.

Sieben Jahre später wird der zweite Thron auf Erden aufgerichtet. Dieser wird *Thron Seiner Herrlichkeit* genannt (Mt 25,31). Vor diesem Thron braucht die Gemeinde Jesu nicht mehr zu erscheinen, denn hier ergeht die Frage an jedes einzelne Volk, wie es mit Israel, mit den Brüdern des Herrn, gehandelt hat. Auch das wird vom Herrn entsprechend verurteilt oder belohnt.

Der dritte, eingangs erwähnte *grosse, weisse Thron* wird als Abschluss der siebentausendjährigen Menschheitsgeschichte auf der alten Erde aufgerichtet. Zu dieser Zeit findet auch die zweite Auferstehung statt, und das Gericht ergeht über alle, die noch nicht gerichtet wurden: *«Und ich sah die Toten, gross und klein, stehen vor dem Thron, und Bücher wurden aufgetan. Und ein andres Buch wurde aufgetan, welches ist das Buch des Lebens. Und die Toten wurden gerichtet nach dem, was in den Büchern geschrieben steht, nach ihren Werken. Und das Meer gab die Toten heraus, die darin waren, und der Tod und sein Reich gaben die Toten heraus, die darin waren; und sie wurden gerichtet, ein jeder nach seinen Werken»* (Offb 20,12-13). Das ist das Allerletzte, was Gott tut, bevor Er einen neuen Himmel und eine neue Erde schafft. Diese Toten, klein oder gross, stehen nun nicht nur vor einem grossen Thron, sondern vor dem «grossen, weissen Thron». Jede Tat der Finsternis wird dort in Seinem alles durchdringenden Lichtglanz offenbar. Alle, die nicht an der ersten Auferstehung teilhatten, stehen jetzt vor dem Angesichte des, der auf dem Thron sitzt. Das Entsetzliche aber wird sein, dass es keine Möglichkeit des Entrinnens mehr gibt. Das wird uns in Offenbarung 20,11 gesagt: *«Vor seinem Angesicht flohen die Erde und der Himmel, und es wurde keine Stätte für sie gefunden.»* Diese Toten, die an Jesus Christus und an dem durch Ihn angebotenen Heil Gottes achtlos vorbeigingen, werden jetzt mit Ihm, der erhabenen Majestät, konfrontiert. Gebe der Herr, dass du da nicht dabei bist, sondern dich unter denjenigen befindest, von denen gesagt wird: *«Selig ist der und heilig, der teilhat an der ersten Auferstehung. Über diese hat der zweite Tod keine Macht; sondern sie werden Priester Gottes und Christi sein und mit ihm regieren tausend Jahre»* (Offb 20,6).

Nun taucht die Frage auf: Was geschieht denn mit diesen Millionen von Menschen, die zur zweiten und letzten Auferstehung gerufen werden? Es ergeht ein schweigendes Gericht über sie, denn hier wird nicht mehr gesprochen. Stattdessen werden Bücher und das Buch des Lebens geöffnet, und dann werden sie auf Grund dessen, was in den Büchern aufgezeichnet ist, beziehungsweise auf Grund des fehlenden Eintrages im Buch des Lebens, gerichtet (vgl. Offb 20,12-15) und erleiden den anderen Tod: *«Und der Tod und das Totenreich wurden in den Feuersee geworfen. Das ist der zweite Tod, der Feuersee»* (Offb 20,14, Schl.).

Manche mögen fragen: Was ist denn «der andere Tod»? Das ist der Tod, der nicht ertötet, der aber für ewig von Gott trennt. Das ist die Hölle, die Jesus für uns erlitten hat, als Er schrie: *«Mein Gott, mein Gott, warum hast du mich verlassen?»* (Mt 27,46). Die Hölle ist der Ort, wo Gott nicht mehr hinschaut. Bei diesem Gericht, das wie gesagt schweigend vor sich geht, indem die erhabenste Person, die Majestät Gottes, die Bücher reden lässt, fehlt das Blut Jesu Christi! Für eine Umkehr ist es dann zu spät, denn der neue Himmel und die neue Erde stehen dann unmittelbar bevor: *«Und ich sah einen neuen Himmel und eine neue Erde; denn der erste Himmel und die erste Erde sind vergangen, und das Meer ist nicht mehr»* (Offb 21,1). Das Erste ist vergangen!

«Ach», werden nun viele sagen, «wie bin ich froh und dankbar, dass ich an der ersten Auferstehung teilhaben darf, dass ich mit dem grossen, weissen Thron nichts zu tun haben werde!» Das ist in der Tat so, wenn du ein Kind Gottes bist. Dann wirst du statt dessen beim Preisgericht vor dem Richterstuhl Christi erscheinen. Aber viele vergessen, dass sie es heute schon mit demselben Gott zu tun haben, vor dessen Augen alles sichtbar ist und nichts verborgen bleibt: *«Es ist alles bloss und aufgedeckt vor den Augen Gottes, dem wir Rechenschaft geben müssen»* (Hebr 4,13). Derselbe Hebräerbrief sagt auch: *«Schrecklich ist's, in die Hände des lebendigen Gottes zu fallen»* (Hebr 10,31).

Fragst du, was dieses Wort sagen will? Satan will nicht, dass du vor dem Preisrichterstuhl Jesu Christi bestehen kannst. Im Gegenteil, er will den ganzen Ernst dieser Tatsachen vor deinen Augen verwischen, damit du dereinst vor dem Herrn Jesus zuschanden wirst.

Wenn du dich jetzt im Geist vor diesen Thron Gottes stellst, was widerspiegelt sich dort? Was wird offenbar, wenn du vor Seinem Angesicht stehst? Willst du nicht jetzt das Verborgene in dir von Gott offenbaren lassen, die Gedanken des Herzens, der heimliche Groll, die versteckte Unreinheit, diesen leichtsinnigen Weltsinn und diesen oberflächlichen Scherzgeist?

Es ist höchste Zeit und es hat grosse Eile, dich durch das Blut Jesu reinigen zu lassen, damit du bei Seiner Zukunft vor Ihm nicht auf ewig zuschanden wirst. Es steht geschrieben: *«Und ein jeder, der solche Hoffnung auf ihn hat, der reinigt sich, wie auch jener rein ist»* (1.Joh 3,3). Petrus gibt uns, inspiriert durch den Heiligen Geist, zu bedenken: *«Wenn nun das alles so zergehen wird, wie müsst ihr dann dastehen in heiligem Wandel und frommem Wesen, die ihr das Kommen des Tages Gottes erwartet und erstrebt, an dem die Himmel vom Feuer zergehen und die Elemente vor Hitze zerschmelzen werden. Wir warten aber auf einen neuen Himmel und eine neue Erde nach seiner Verheissung, in denen Gerechtigkeit wohnt»* (2.Petr 3,11-13).

O Land, Land, Land, höre des Herrn Wort!

Wim Malgo,

der Autor, ist der Gründer des Missionswerkes Mitternachtsruf, das er bis zu seinem Heimgang im Sommer 1992 auch leitete. Zudem war er über viele Jahre Präsident des Beth-Shalom-Vereins. Bekannt geworden war er zunächst durch seine Radiobotschaften, die in Europa wöchentlich ein- bis zweimal über Radio Luxemburg ausgestrahlt und später in Südamerika über eine grosse Anzahl von Stationen in der entsprechenden Landessprache gesendet wurden.

Die von ihm lancierten Monatszeitschriften «Mitternachtsruf» und «Nachrichten aus Israel» erscheinen weiterhin in verschiedenen Sprachen (deutsch, französisch, englisch, holländisch, italienisch, ungarisch, rumänisch, tschechisch, spanisch, portugiesisch und koreanisch), sei es als genaues Ebenbild der deutschen Ausgabe oder als Extrakt derselben. Wim Malgo war auch Verfasser von zahlreichen weiteren Büchern, Schriften und Traktaten, die zum Teil ebenfalls in verschiedene Sprachen übersetzt wurden.

Biblische Antworten auf 350 Lebensfragen

Wim Malgo

424 Seiten, Bestell-Nr. 17543, CHF 20.–, DEM 24.30, EUR 12.40

In Leinen gebunden, hellblau mit Goldprägung und Schutzumschlag. Der Verfasser dieses Buches stand über vier Jahrzehnte lang im Dienste der Verkündigung. Tausende und aber Tausende von Fragen hat er in dieser Zeit beantwortet. Dieses Buch vermittelt einen Querschnitt durch die vielfältigen Fragen, die Christen heute bewegen. Während dem einen eine Frage als banal erscheinen mag, ist sie für den anderen von eminenter Wichtigkeit. Für den echten Seelsorger aber gilt es, jede Frage ernst zu nehmen und nach bestem Wissen und Gewissen zu beantworten. Dieses innere Engagement des Autors, verbunden mit umfangreicher Bibelkenntnis und reicher Erfahrung, läßt das vorliegende Buch zu einem Ratgeber werden, der zweifelsohne vielen zum reichen Segen gereichen wird.